中國文化的根本精神

楼宇烈

中华书局

图书在版编目（CIP）数据

中国文化的根本精神/楼宇烈著. —北京：中华书局，2016.7
（2025.5 重印）
ISBN 978-7-101-11838-4

Ⅰ.中… Ⅱ.楼… Ⅲ.中华文化-通俗读物 Ⅳ.K203-49

中国版本图书馆 CIP 数据核字（2016）第 095226 号

书　　名	中国文化的根本精神	
著　　者	楼宇烈	
责任编辑	傅　可	
文字编辑	蔡楚芸	
封面设计	刘　丽	
责任印制	管　斌	
出版发行	中华书局	
	（北京市丰台区太平桥西里 38 号　100073）	
	http://www.zhbc.com.cn	
	E-mail：zhbc@zhbc.com.cn	
印　　刷	河北新华第一印刷有限责任公司	
版　　次	2016 年 7 月第 1 版	
	2025 年 5 月第 10 次印刷	
规　　格	开本/880×1230 毫米　1/32	
	印张 10⅛　字数 150 千字	
印　　数	158001-162000 册	
国际书号	ISBN 978-7-101-11838-4	
定　　价	46.00 元	

目　录

下编　提升中国的软实力

代序　传统是我们的原创

在市场经济的大环境下，我们应该怎样对待中国的传统文化呢？这本不应成为问题，但是由于我们割裂了自己的文化传统，才会提出这样的问题。历史文化如果是一直延续的，那么无论在什么样的经济环境下都不会被割断。我们对传统文化存在偏颇的看法，很多人在认识传统上有障碍，很多人认为传统是以现实的对立面存在的。其实，传统跟现实根本不应该对立，现实就是在传统的基础上发展起来的。

我们都是承袭传统文化而来的，是要做传统文化下的现代人，还是做割裂传统文化的现代人呢？简单地讲，我们是要做现代化的中国人，还是现代化的西方人呢？不管在什么样的经济条件下，我们都要坚持做发展传统的现代中国人，并致力于弘扬优秀的传统文化。

历史不能被割断，只有对历史进行反思，或

者跟更古老的文化衔接，社会才能进步。西方就走过这样的道路，它在走向近代的过程中，就是学习更古老的希腊、罗马文化。复古不是回到过去，而是把现代根植到传统中，再继续向前发展。能否成为发展传统的现代人，这是观念问题。如果我们要做继承优秀传统的现代人，学习传统文化是不应该有问题的。

在现代经济社会中，什么都以市场经济的等价交换原则作为标准是错误的观念。有些东西是无法用金钱来衡量的，等价交换的原则并不适用于所有领域。有些东西的文化价值与商品价值并不完全吻合，而且一些有文化内涵的东西，不能也不应该成为商品。道德也是不能用等价交换的原则来衡量的。道德里涉及到权利和义务，等价交换不应该成为道德的准则。道德应遵循"不计功利"的传统，正如董仲舒所说的"正其谊不谋其利，明其道不计其功"。

一个公正的社会必定是赞扬那些对社会做出贡献的人，而不会赞扬争权夺利的人。如果社会不给尽责任、义务的人相应的回报，这个社会是不公正的。但社会公正与道德实践是两个问题，不能把两者混为一谈。你不给我回报，我就不尽义务、责任，是不对的。在社会生活中，什么都遵循等价交换的原则，我们就会丧失做人的道德底线。

社会是不是只靠经济发展就可以实现总体发展目标呢？答案是否定的。经济是社会发展的基础，但是如果没有相应的文化发展，整个社会是得不到提升的。只有在经济发展的同时也发展了文化，社会才能进步。

我们要把中国传统文化和现代社会联系起来。只有继承了传统文化，才能有本民族的特色。否则，我们虽然实现了现代化，却丧失了自己的民族精神，没有自己的民族特色，我们还能自称是炎黄子孙吗？

一个西班牙记者曾在文章中提到，中国的经济发展了，文化认同感却在消失。中国很快会成为世界大国，并正以某种形式，悄悄地进入西方世界。他就提出这样一个问题：一个西方化的中国，对世界而言，是更富裕了，还是更贫困了？

现代中国如果没有传统文化的传承，没有文

化的主体意识，我们就会被其他国家的文化所同化。不管世界怎么变化，不同的国家还是要传播不同的文化传统。如果连这个基本的理念都没有，虽然世界化了，但中国文化就不存在了。如果还要有中国文化，我们就要从几千年的文化传统中汲取养料，而不是割断、抛弃传统。文化自觉就是要把我们的文化根植到传统中去。

不要以为世界化就是跟别人一样，如果跟别人一样，别人根本就看不起你，你永远都会跟在别人的后面，因为那不是你原创的东西。只有自己的传统文化才是原创的，越是传承民族的，就越有世界意义。现在很多人认为，只有抛弃了传统，才是原创。原创不是抛弃传统，而是继承优秀的传统去发展。抛弃了传统去跟西方接轨，没有了自己传统文化的烙印，还是什么原创呢？

传统就是我们的原创。没有传统，哪来的原创？以医学为例，究竟中医是我们的原创，还是西医是我们的原创呢？当然中医是我们的原创。很多人否定中医，是因为对中医不够了解，没有把握它的核心理念，总把它看作是落后的、迷信的。如果能把中医发扬光大，使其成为现代医学，这才是真正的原创。

　　不管在什么样的环境下，我们都应该保护、继承、弘扬优秀的传统文化。

上编　中国文化的精神

百年来对传统文化的误读

　　很多人都有习惯性的思维，我们也没有去深入探究这种思维方式的优、缺点。例如，一谈到礼教，首先冒出来的想法是什么呢？礼教吃人。近代以来，这种习惯性的思维太深入人心了。对于礼教，说它吃人之外，还给它扣上一顶封建的帽子，礼教被习惯性地表述为封建的、吃人的。实际上，礼教的根本目的是让人们认识到自己是什么身份的人，这样身份的人言行举止应该遵守什么样的规矩。另外，人们还有一种习惯性的思维，即讲到什么事情时一定会问这个想法有科学依据吗？

这样问没有错，但是如果有些事物被认为是不科学的，就一棍子打死，问题就很大了。很多人说，与科学相对应的宗教不科学、迷信。

毫无疑问，近代以来西方的科学、文化样式是一种分科的学问。什么叫科学？大体来讲，就是一种分科的学问，如宗教、文学、哲学、艺术、物理、化学等。分科之学起源于近代西方，古代的传统文化，无论是东方还是西方，都是综合性的学问，因其具有一体性，也都不是分科来讲的。现在大家惯用的、狭义的科学，就是研究客观物质世界的学科。我们有时也称其为自然科学。

在中国，科学曾经是一些人手中的棍子，到处打不科学的事物。其实很多人也没搞懂什么叫不科学。宗教就不科学吗？宗教研究的是人类的精神、情感生活，怎么能说它不科学呢？上世纪二三十年代，曾发生过一场思想论战，现在常称其为科学与玄学的论战。一批学者认为，科学能解决物质世界的一切问题。另一批学者认为，科学不能解决人类精神方面的问题，因此，玄学不能被忽略。直到现在，争论依然存在。

在科学与人文中，人文精神应该是中国文化的根本特征，从古到今，都是如此。可以说，这一百多年来，中国以人文为特征的传统文化遭到了巨大的冲击。人们常问的是："这个有科学依据吗"？可是很少会有人问："有人文依据吗"？所谓人文依据，即不仅把人看作一个物质生命体，而且必须要看到，人是物质和精神结合在一起的高级生命体。我们不能离开人的精神生命来谈物质生命，否则，不就跟禽兽一样了吗？如果不能用精神生命来管理物质生命的话，人类很可能会做出连禽兽都不如的事情，这就牵涉到科技文化与人文文化关系的问题。

在二十世纪中国文化发展的过程中，明显存在着两个不平衡。第一个不平衡是传统文化和西方文化比例的失衡，西方文化所占的比例远远高于传统文化，这体现在教育、社会文化等方面。人们可能知道莎士比亚，但很有可能不知道汤显祖，汤显祖和莎士比亚是同时代的人，一个是英国的剧作家，一个是中国的戏曲家。很多人可能知道莎士比亚的《哈姆雷特》，却不知道汤显祖的"临川四梦"，连汤显祖最著名的戏曲作品《牡丹亭》都不一定知道，这是不平衡的具体实例。

第二个不平衡是科技文化和人文文化的不平衡，我们注重的是科技文化，觉得科技文化才是实实在在的，而人文文化是可有可无的。到现在我们还经常讲文化是软实力。有人就对软实力这个提法很不满意，说文化才是硬实力。我认为，也不用计较提法的问题，我们只要知道，世界上的竞争从根本上讲都是文化上的竞争，最后主要看一方的文化能不能超过另一方的文化。在科技高度发展的情况下，人文显得格外重要，因为人文文化是起引领作用的，它指明科技文化发展的方向。如果没有人文文化的引领，科技文化就会像一匹脱了缰的野马一样，不知道往哪个方向去。因为有人文文化才会让我们不至于沦为物质生活的奴隶。从某一个角度来讲，科技文化确实可以改善物质生活，但它不能来解决精神层面的生活需求。

由于习惯性的思维方式，我们现在会把科技文化放在第一位。中国文化的根本精神就在于它的人文文化特质，我们不要以为科技文化是中国文化发展的根本方向。中国如果能坚持人文文化，并用人文文化来弥补科技文化的不足、缺失，这对整个人类来讲，都是重大的文化贡献。我们不能放弃中国文化中人文文化这一根本特征。"人文"一词出自《周易》。"刚柔交错，天文也。文明以止，人文也。观乎天文，以察时变；观乎人文，以化成天下。"（《周易·贲卦·象传》）在这里，人文和天文是相对的。通过观察天文，可以搞清楚四时的变化；通过人文的文化，来化成这个社会的风气。因此，人文是中国文化的一个根本特征。

人文化成有两层含义，一个含义是以人为本，以人为中心。以人为中心是指，保持人的主体性、能动性、独立性，而不是现在批判的"人类中心主义"，不要让人沦为神的奴隶、物的奴隶，同时也不要让人成为天地万物的主宰。

另一个含义是文化最初与武化是相对的，武化是用武力强制改变人的习性，文化则是以礼乐教化，让人自觉地遵守社会的行为规范。礼乐教化达到的目标是自觉自律，让人们知道该怎么做，不该怎么做。因此，《周易》上才有"文明以止"这样的说法。

在古代中国，无论是考虑问题，还是对自然界的观察，都离不开人。人是在向天地万物学习的过程中，才提升出各种各样的道德规范。我们看到天地不仅生万物，还要养育万物，从来没有私心。天覆地载，天在上，地在下，万物在中间，"天无私覆，地无私载"，天地从来不排挤任何一个事物。天地最大的德行是广大无私，我们要向天地学习这种德行。

天地让万物自由地生长，却从来不去占有、主宰它。人类也要学习天地，我们也不能让天地万物按照人的要求去运转、变化，我们只能是"辅万物之自然而不敢为"。简单地说，这就是所谓"道法自然"。

我们从自然的关系中提升出应当遵守的道德，我们常常用这样的话来教育孩子——乌鸦小的时候，老乌鸦喂它。当老乌鸦老了以后，小乌鸦就去觅食来喂老乌鸦。乌鸦反哺说明乌鸦有感恩之心。还有羔羊跪乳，是指羊羔吃奶时是很有礼貌地跪在那里吃的。从自然的关系中，我们学到做人的道理。中国的伦理关系最看重的是自然的、内在的关系。中国的伦理关系跟西方的伦理关系不同，它不是一种外在的、契约式的关系。西方人的伦理关系是一种外在的关系，要用契约来规范每个人的行为。

魏晋玄学家王弼二十三岁就过世了，但是他留下的著作时至今日人们还在研究，他的《周易注》、《老子道德经注》依然是今天的经典著作。王弼对孝做过一个诠释，他说"自然亲爱为孝"，孝里体现的是父母子女之间的自然亲爱。孝是子女应当遵守的自然道德规范。在古代中国，在君臣、父子、夫妇、长幼、朋友这五伦里，我们可以先不说君臣关系，其他四伦都是不可逆转的自然关系。没有人在社会上可以孤零零一个人生存下去，鲁滨逊即使在荒岛上也还是有很多其他的问题和关系。

五伦中唯一像社会关系的就是君臣关系了，但是在中国传统文化中，人们也要想尽办法把它纳入到自然关系中，把它诠释成父子关系。君父臣子就是用这样的逻辑规范出来的，官民关系也是如此，上述关系都不是契约关系。因此，才有"父母官"这样的提法。在传统社会中，之所以要这样来诠释，是因为传统社会希望君父、父母官能够像对待子女那样去关怀臣民，做这样的诠释源于传统的理念。

在自然亲爱的父母子女关系里，其实包含了一种最无私的精神。准确地说，没有一个父母对子女不是全心全意地服务的。绝大多数父母都是无偿付出不求回报的，当然也有极个别家长是求将来回报的。某个大学曾发生过这样一件事，一个男生硕士毕业了，每月才挣三千多块钱的工资。父亲发火了，他说："给你投了那么多的资，结果你才挣这么一点儿钱"。这个男生受不了就自杀了。

在父母子女这样一种私密的关系里，蕴含着一种最无私的精神。也正因如此，古代中国人把君臣、官民之间的关系都纳入到"父子关系"中。这在当时很平常，现在觉得这样的说法简直可笑。三百多年前，法国著名思想家孟德斯鸠说："对父亲的尊重意味着父亲以关爱回报子女。与此同理，长者以关爱回报幼者，官员以关爱回报属下，皇帝以关爱回报臣民。所有这一切构成礼仪，礼仪则构成民族的普遍精神。"（《论法的精神》上卷《中国人如何将宗教、法律、习俗和风尚融为一体》）我们现在一说到"父母官"就给它扣上封建的、落后的帽子，其实是我们没有理解其最初的含义。我很希望官员都能够像父母关心子女那样去关心老百姓，古代中国这个理念才真正体现了全心全意为人民服务。如果我们有一种人文的思维方式，就不会只是简单地用封建、落后、吃人来评论古代的文化传统。

有一次，当我讲到乌鸦反哺、羔羊跪乳时就说"要向天地万物学习。"一个五十多岁的人上台跟我说："你讲的这个是动物的本能。"我说："如果你从科技角度来看，动物哪会有感情呢？我们不是说动物有感情，是让人们体会出动物的这种感情，这就是人文的思维。"

老子讲"上善若水"，即最好的善就像水一样。水怎么善呢？用人文的思维方式来体会，水永远是往下流的，它永远是那么谦虚谨慎。水普泽万物，可是从来都不求万物的回报，这都是值得我们学习的。水从来都不把自己固定成什么形状，从来不以自己为标准，然后要求大家都要和自己一样，你是方的，水流进去就变成方的；你是圆的，水流进去就会变成圆的。因此，我们常说，君子不器，大道不器。如果完全按照自然科学的方法去看，水就是一堆物质，没有其他意义，而中国传统的人文特质让我们对天地万物都有了感情。我们不是把天地万物看作冷冰冰的物质，而是把它看作跟人一样是有生命的。

我在清人的书法作品中读到一篇动人的生命奇文：

鹁鸪呼雏，乌鸦反哺，仁也；鹿得草而鸣其群，蜂见花而集其众，义也；羊羔跪乳，马不欺母，礼也；蜘蛛结网以为食，蝼蚁塞穴而避水，智也；鸡非晓而不鸣，雁非社而不至，信也。禽兽尚有五常，人为万物之灵，岂无一得？……兄通万卷，全无教弟之才；弟掌六科，岂有伤兄之理？仲仁，仁而不仁！仲义，义而不义！过而能改，再思可也。

兄弟同胞一母生，祖宗遗业何须争。一番相见一番老，能得几时为弟兄。

相传，江西有两兄弟在朝为官，哥哥是翰林院沈仲仁，弟弟是户科都给事沈仲义。先人过世，留下万贯家业，为争遗产，兄弟二人反目成仇，争讼于知府衙门，历时六年，经三任知事，未果。已离任赋闲的知事余总宪得知这件事后，一气呵成此文。这篇文章一出，兄弟二人都很惭愧，不再争家产了。

　　中国的传统文化强调要合法、合理，还要合情。叶公语孔子曰："吾党有直躬者，其父攘羊，而子证之。"孔子曰："吾党之直者，异于是，父为子隐，子为父隐，直在其中矣。"（《论语·子路》），"父为子隐，子为父隐"在现代人看来，简直是糟糕透顶。其实，这个问题值得探讨。家是什么呢？我常讲，家是安乐窝。家应该是安全、安心、快乐的地方。如果我们的家变成了我揭发你，你揭发我的地方，还有什么安全可言呢？在"文革"中，泯灭了亲情，这是很大的问题，它破坏了整个中国文化的核心理念。"文革"中，讲的是"亲不亲，阶级分"，阶级立场是第一位的，亲情荡然无存了。

　　上世纪九十年代，我去韩国考察。我注意到，韩国法律规定，如果窝藏者和被窝藏者之间有亲属关系，尤其是父母子女之间的关系，要酌情轻判。再看伤害罪是怎么判的，法律规定，如果伤害者和被伤害者之间有亲属关系，父亲伤害子女，子女伤害父亲，同样的情节，酌情重判，这就弥补过来了。韩国的法律规定，一家人住大点没关系，多交点税就好了，但是如果是和父母住在一起的话，房产税就可以酌减，这样规定就是希望子女要赡养老人，可以说，法里包含了情。

前段时间，贵州四兄妹集体自杀，我们处理了一大批各级官员，批判了孩子所在的学校。暂不管处理得是否妥当，但是我想问一下，怎么就没有人批评、指责孩子的父母呢？生而不养，养而不教，四兄妹的父母没有尽到父母应尽的责任。我们应该从这个角度入手，而不应该想办法按照自己的方式试图改变别人的生活。在什么都社会化的当下，留守儿童国家都管起来，会很棘手；空巢老人国家都管起来，也做不到。

中国的文化传统是这样的吗？中国的传统是生而养，养而教，养儿防老。不是说国家设置各种机构来帮助空巢老人和留守儿童就能彻底杜绝此类悲剧。我们要想办法，提供各种帮助，看能不能够让父母把孩子留在身边。我们要做到，不要让有父母的子女变成留守儿童，不要让有子女的父母变成空巢老人，这才是正确的解决办法。不是一切都社会化就是进步了，我们要理解中国传统文化的精髓。不是社会公共事业越发展，社会就越进步。其实，大家能做的事情，就要让他们自己做。子女可以赡养父母的，就让子女赡养父母，其实现在很多空巢老人不是子女没有能力来扶养老人，恰恰是很有力量但就是要让父母空巢待着，这不符合中国传统的伦理思想。

西方的生命观是：人是独立的个体，上帝创造了人，因此人与人之间只有外在的关系，没有内在的关系；而中国的生命观是：生命是一代一代相延续的，父母子女、兄弟姐妹之间有血脉的联系，彼此之间都是有责任、义务的。我们是要自觉自愿地来遵守伦理规则的。如果我们把传统的生命观等中国文化核心的观念都抛弃了，那么中国的复兴就是一句空话。中国传统的生命观是一个完整的体系。从小家到大家，从小家庭到大家族，从大家族到家乡，再从家乡到国家都是一个整体。如果说传统文化都被解构了，人都是一个独立的自我，那还是中国文化吗？我曾经问学生："'父债子还'这个概念好不好？"学生答："不太好。"我说："父财子用可以吗？"学生答："这当然可以。"这明显是实用主义的观点。其实，责任和权利应该是一致的。父母没有完成的事情子女要完成。反过来，父母拥有的财富子女当然可以继承。

在中国传统文化中，古人把万物也看作自己的同类。宋代的哲学家张载说："民，吾同胞；物，吾与也。"我们有"亲亲仁民爱物"的传统，"亲亲"是就家庭内部来讲的。然后我们将"亲亲"推广出去就是"老吾老以及人之老，幼吾幼以及人之幼"，这叫"仁民"。最后，我们还要爱万物。

人、动物、植物都有生、老、病、死的过程，佛教讲，万法皆空。一切事情都要经历生成、存续、变异、消亡的过程。沧海桑田，物是人非，我们所见的客观世界也是在不断变化的。变化就是一种生命现象，道家把生死也看作一种变化。

天人是会感应的，我们常以一些人说的比较

过头的话来否定"天人感应"的思想。"天人感应"在很长时间是被否定的。其实现代人越来越清楚地看到，天和人是可以感应的，我们能亲身体会到天的变化。天冷了，你就感觉到了。天对人的影响是很直接的，人对天的影响可能要长久一点才能看到，可是有些也挺快的。其实，"天人感应"也包含了一种人文思考，借助于天的变化让人类警惕自己的行为。所谓的"天谴"，站在唯物主义、无神论的立场，简直是胡说八道。但是，仔细想想，天谴就是天的大变化影响了人类，人类就要反思一下，是不是人的行为造成了天体的剧烈变化。古代若发生了地震、风暴、海啸，统治者都要自我反省、检讨，这不能简单地被说成是迷信的，其中也有人文的含义。

很多人习惯性的思维就是科技的思维方式，缺乏人文思考。现代人都只崇尚理性的思维，看不起直觉的智慧。而中国的文化恰恰是以直觉的智慧为根基的。近代西方崇尚的科学是建立在理性基础之上的，崇尚科学也没错，但是不能够把理性的智慧说成是绝对正确的。人们也可以通过直觉的、体悟的方法来认识世界。中国的文化、哲学其实更重视直觉的智慧，因为有很多事物我们眼睛一看，耳朵一听，鼻子一闻就知道怎么回事了，不能把理性逻辑的分析看成是至高无上的。很多人误认为化简为繁才是有学问的表现，别人都听不懂那学问就更大。反之，化繁为简、深入浅出地讲解，就被认为是没学问的。一些人把崇尚理性变成对理性膜拜了，这是不妥当的。其实，有时人的直觉更能够反映出事物的本质。

这百余年来，我们形成了这样一种观念：只有理性才是可靠的；直觉是不可靠的。理性的东西是清晰的、准确的；直觉的东西是模糊的、不准确的。有些科学家现在已经认识到，人类认识世界并不只是理性这一条道路，直觉也是认识世界的一个不可或缺的途径，两者是并行的，理性与直觉都有其优、缺点。美国高能物理学家卡普拉在《物理学之"道"：现代物理学和东方神秘主义之间的平行关系》一书中指出，我们过去总以为理性才是智慧，直觉好像不是智慧，但直觉恰恰也是一种智慧，直觉是人类认识世界的一种途径。

面对科技的发展，有一些人开始质疑中国文化，认为中国文化缺乏理论创新。众所周知，科学理论在不断创新，从根本上看，这些创新都是以局部观察作为事实根据，设立一个假设，然后构建起一套理论，新理论的提出往往颠覆了人类的常识。当爱因斯坦的广义相对论"推翻"了牛顿经典力学时，我们不能说牛顿经典力学是错误的，只能说牛顿经典力学只是适应于一定范围内的真理，超出了适用的范围真理就会变成谬误。

可以说，理性思维存在片面性，而中国传统文化注重的是整体。"凡物必有合"是董仲舒提出来的，他认为，凡事有阴就有阳，有上就有下，有顺必有逆，有昼必有夜。我们通过对天地万物的观察认识到整体性的道理，而这些道理是亘古不变的。

一些人说，古代中国没有科学思维、理论。我说，如果套用西方的科学观点去分析，古代中国就一无所有了。但是，中国传统是靠直观、直觉去体悟事物规律的。古代中国人认为，事物都处于运动变化之中，事物总是朝着相反的方向变化的。其实，这些整体性的道理就是宇宙变化的根本规律。从某种程度上讲，五行生克、阴阳消长都是符合事物发展的科学思维。两极分化其实就是阴阳失调的表现，不要以为阴阳五行只适用于人的身体，自然、社会的管理都可以运用阴阳五行的理论。因此，中国文化不是没有创造性，其创造性体现在实践中，它并不追求理论上的日新月异。苏东坡在跟他的朋友讨论书法时讲到一个理念，他说："物一理也，通其意则无适而不可。分科而医，医之衰也。占色而画，画之陋也。"古人在掌握了整体的理论体系后，是在应用中去创造。

现代人还有一种思维方式——非此即彼，即总要把彼此分得很清楚，把彼此对立起来，而忘掉了中国人的传统是"执两用中"。儒家讲："中庸之为德也，其至矣乎！"我们有时候把中庸看作是不讲原则，其实中庸恰恰要求讲原则。中庸可以倒过来讲叫"用中"。据《尚书》记载，尧传位给舜时，交待给他四个字——"允执厥中"，就是要求他掌握中道。舜传位给禹时，把这四个字扩展成为十六个字——"人心惟危，道心惟微，惟精惟一，允执厥中"。后来，宋明理学家就把这十六个字看作是中国从古到今道学的心传。中国传统文化强调，掌握中道，不偏不倚，看问题一定要看到事物的两面，然后以中道来加以平衡。

我们往往会走极端，认为这一边是这样的，那一边是与之完全相反的，如果肯定了这边，一定不会去鼓励那边，其实不能那样思考问题。儒、释、道都讲"中"。"故儒曰致中，道曰守中，释曰空中"。儒家讲的"致中"来源于《中庸》首篇："喜怒哀乐之未发，谓之中，发而皆中节，谓之和；中也者，天下之大本也；和也者，天下之达道也。致中和，天地位焉，万物育焉。"达到了中，天地定位了，万物生长了。中国古代的三教都讲中，"道曰守中"。张三丰说："夫道者，中而已矣。"道就是一个"中"字，没有别的了。《道德经》讲："多言数穷，不如守中。""释曰空中"，空中即空的中道。佛教的重要经典《中论》讲："因缘所生法，我说即是空，亦为是假名，亦是中道义，未曾有一法，不从因缘生，是故一切法，无不是空义。""空中"一词的含义源于此。为什么说由因缘所生的万物都是空的呢？这个空不是指没有，而是指各种现象的本性是空。佛教讲事物的本质特性是无常无我。我们在讲这样一个本质特性时，是不能离开现象的假有，这就是佛教讲的中道，因此叫作"空中"。清代有位练内丹的道学大家黄元吉，他说，"圣人之道，中庸而已"，这就把儒家和道教的思想结合起来了。"中"就是顺其自然，这就是中道。

美国物理学家卡普拉说，西方科学辛辛苦苦走了几百年的道路，回过头来一看在东方的神秘主义里早就已经提出来了。西方文化在发展过程中汲取了中国文化的一些根本理论。可以说，现代西方文明的成果与中国文化提供的智慧是分不开的。

我们应该如何弘扬中国优秀的传统文化呢？我希望国人能够以传统文化的智慧为基础，去吸收西方文化中值得学习的东西，然后创造出适合当今世界的新文化。

有很多人认为，人本主义是从西方引进的，是西方的思想，于是就去学习西方的人本主义，而又往往看不见西方人本主义的弊病——"人类中心主义"和"科技万能"思想。这些人根本就不知道人本主义是中国传统文化的土特产。

在近代西方的变革中，启蒙运动思想家之所以能够冲破中世纪以神为本的文化，是因为学习了中国文化，用以人为本的中国文化去批判中世纪的桎梏。中国的人文精神在推进西方文化发展上起了重要作用。但是由于西方二元对立的思维传统的影响，西方人认为，打倒了上帝，人就可以做主宰者。于是，一些人喊出了响亮的口号——人定胜天，人要征服、改造一切。人的力量是发展起来，但人又异化了。人主宰一切时，反过来又被物质世界所主宰。物欲是没有止境的，为了满足贪欲，人就变成了物质的奴隶。

西方思想家在上世纪两次世界大战之后进行了反思。为什么会发生这样世界性的大战呢？战争究竟为了什么？很简单，战争就是为了争夺资源财富。人为了争夺资源财富，不惜上战场，人又被物牵着鼻子走了。世界大战以后，西方的思想家提出了"新人文主义"，而且认为要从古代中国文化中寻找思想资源。中国古代的人文思想到了西方也发生了变异，用古代的人文精神来纠正变异的人文主义，同样具有很大的意义。中国传统文化提倡：人既不做神的奴隶，也不做物的奴隶，也不凌驾于物和神之上去主宰一切。

　　中国传统文化中，辩证看问题的思想方式，过去常被称作"朴素的辩证法"。其实也没有必要给传统的思维方式扣上"朴素"的帽子。中国传统的辩证法思想是既有原则性，又有灵活性的。我们不一定要去区分是朴素的辩证法，还是所谓的科学的辩证法，这还是对传统文化没有自信的表现。运用传统文化的智慧，其实最关键的还是要从这百余年来的习惯性思维中跳出来。尽管我们常讲"取其精华，去其糟粕"，但是很多人分不清什么是精华，什么是糟粕，"精华"部分到了无能的后辈手上也会变成糟粕的，所谓"糟粕"到了有智慧的后辈手里也会变成精华的。对待传统文化不能绝对化，我们应该将其放在一定的环境中去重新认识。

中国传统的思维方式

我们需要了解中国传统的思维方式。如果不知道佛教的表达方式，就会不明白其深意。做一天和尚撞一天钟，小和尚念经有口无心，我们通常理解为混日子。如果换一种思维方式，这两句话太有意义了，做一天和尚撞一天钟没错，和尚的责任就是要念经、撞钟，这是尽伦尽职。如果一个人能做好本职工作，就会是一个塌实的人。我们也常用小和尚念经有口无心来形容人不思考、不动脑，现在有很多人陷入了思想误区，一天到晚抠名词概念，钻到牛角尖里出不来，结果忘不了言，得不到意。小和尚念经有口无心，对名相都不尽心了，说不定就得意了。

亦此亦彼

儒家提出"由博返约"，魏晋玄学家指出要"超言绝象，得意忘言"。博是需要的，但得返约，如果博而不知返约，就会形成知障，停留在名相之中无法摆脱。现在很多学问是在名词概念中打转，同样的名词概念可以从不同的角度去理解，很多人的思维方式变成了非此即彼，此是彼必非。中国传统的思维方式是亦此亦彼，此中有彼，彼中有此，此可以变成彼，彼也可以变成此，因为事情本来就不是那么简单的。《阿含经》说"此有故彼有，此生故彼生，此无故彼无，此灭故彼灭"，一切皆是缘起，缘起就是相关联的。标准也是相对的，不是绝对的，平衡也是动态中的平衡，要有辩证的思维，而人们恰恰缺乏这种辩证的思维方式。

人类认识的本能是非此即彼，也正是由于非此即彼，才给我们制造了种种知障和烦恼。其根源在于人的思维方式，人类认识的本能就是分别，要认识客观世界就一定要有分别，只有具有大智慧的人才会想着去超越人的感觉、思维器官的本能。不管是佛、仙，还是圣，都是要超越人类的局限性。要获得非此即彼的知识很容易，要获得超越分别的认识很难，只有大彻大悟的人才能把所有分别都放下。因为具有大智慧的人有特殊的眼光和思维方式，能看到一般人看不到的东西。肯恩·威尔伯（Ken Wilber）《事事本无碍》（*No Boundary*）一书中就举了这样一个例子，人看到海岸线，第一感觉是它把陆地和海洋分开了。可换一个角度，它正是这条海岸线，把陆地和海洋连结到了一起，因此陆地和海洋是分不开的。

中国的传统思维比较强调事物之间的联系，彼此关联分不开，有时候就纠缠在一起，显得有些模糊。太极图里有个阴阳鱼，一条白的，一条黑的，白的里面有个黑圈，黑的里面有个白圈，阴阳同在一个圈里，阴中有阳，阳中有阴，相互消长，阴阳互根、互动，你中有我，我中有你。量的不断变化会引起质的变化，质量不可分。宇宙间任何事物都不是绝对存在的，我们思考一切问题也不能绝对化。

自然合理

中国传统的思维方式强调自然合理，儒、佛、道都如此，自然就是本来状态，只有符合本来状态的才是合理的，不用统一量化的标准去限定。

西方近代的思维方式是科学合理，把普适性放在第一位，要普遍适用才是科学的。但是，真理恰恰是在一定的场合下才会普遍适用，离开了这个场合就不适用了。自然合理的思维方式强调个性化，适合了这个人的这种状况就是合理的，不必要适合他人。这也不是说一定哪个好哪个坏、哪个对哪个错，过分地强调个性化不对，过分地强调普适性也不对，要在它们之间找到相对的平衡点，要把握好一个度。

客观世界是很复杂的，是整体关联、动态平衡的，要达到自然合理才能相对符合事物的特性。很多人对中国传统的思维方式没有深刻的认识，也无法将其运用到实践中去，这对他们来讲是很困难的事情。他们已经不习惯传统的思维方式了，而是习惯于西方的清晰、规范、标准、普遍的思维方式。这相对来说也是比较简单的，要针对不同人想不同的办法就比较难了。孔子讲"有教无类"，一般从身份上来讲，即贵族平民都能受到教育。其实，"有教无类"还应包括针对学生不同的智力、体能特点来教育。个体存在很大的差异性，要把每个人的个性充分发挥出来。现在批量化的生产是把多样化变成一律化，教育也批量化、规范化、标准化，就不符合"有教无类"的传统理念了。

现实主义的中庸论

中西方比较起来，会有同有异，不要因为同而抹杀了各自的特性，不要因为异就让双方完全对立、互相排斥，我们要有辩证的思维。

为什么中国可以做到和而不同？我想就是因为中国传统文化中有"执两用中"的思想，《礼记》曰："执其两端，用其中于民，其斯以为舜乎？"因此，理学家就把"中"看成是中国文化的传道心法，十六字心法有一定道理。按照《尚书》的记载，尧传给舜是四个字"允执厥中"，舜传给禹是十六个字"人心惟危，道心惟微，惟精惟一，允执厥中"，宋明理学家就把这十六字看成是儒家道统的十六字心法。中就是不偏于任何一边，不把任何一边绝对化。我们要把握两边，但是要用中，而不要绝对化，因此才会有"中庸之为德也，其至矣乎"的说法。

美国军事学家托马斯·菲利普斯给英译的《孙子兵法》写了个序，序里提到西方兵圣克劳塞维茨的《战争论》和中国兵圣孙武的《孙子兵法》。他比较了两位兵圣的思想，西方以克劳塞维茨为代表的是理想主义的绝对论，以孙子为代表的中国军事思想是现实主义的中庸论，这个对比非常清晰地点出了中西思维方式上的不同。西方追求理想主义、完美主义，因此做事情绝对化，他就曾经讲，在战争中，最终解决问题的是战斗，是流血。消灭敌人军队，不仅指消灭敌人的物质力量，还包括摧毁敌人的精量力量。战争一定要达到最完美、最理想的结局才行。但是，孙子讲，攻心为上，战争的最高境界是不战而胜，不一定要把敌人都消灭光。托马斯·菲利普斯很赞赏中国的思维方式，他称，孙子的思想在今天仍然适用。中国传统的思维方式不是一种抽象的、纯粹的理想主义，而是要面对现实，因为现实总是不完美的。

中国人的身份认同危机

反观现在我们的教育，理想主义的成分太多了，面对现实的课程太少。人们把社会理想化，而现实是残酷的，不一定一切如你所愿，这样的现实能不能承受就成了大问题。

实践理性还是一个价值观念，即要求把理想落实到行为、人际关系中去，这一点中西是一致的。但是，中西的价值判断不一样，这是文化里核心的部分，中西价值观念、思维方式存在很大的差异。

如果我们的价值观念完全变成了美国的价值观念，我们的思维方式就完全是美国的思维方式了，那我们究竟是中国人还是美国人呢？这就出现了身份认同的危机。有一首流行歌曲《我的中国心》唱道："洋装虽然穿在身，我心依然是中国心。"这首歌实际上涉及到了文化的表面层次和生活样式问题。几年前，《华盛顿邮报》上曾刊登过一篇文章《崛起的中国面临身份认同的危机》，文章声称："如同大约二十年前的日本一样，中国的经济奇迹发生的速度之快，令中国的政治家在认识上感到困惑。中国眼下也正在设法弄清自己的身份。"如果我们文化中深层次的价值观念、思维方式都变了，就等于换心了。有些人最后就变成"香蕉人"了，皮是黄的，里面是白的了。

中国哲学以实践为特性

在中国传统文化中，没有把实践理性与纯粹理性分得那么清楚，是因为中国传统的哲学以实践为特性。中国传统哲学不会离开实践而去抽象地谈纯粹理性，它更强调实践性。在这一问题上，有人批评中国哲学没有纯粹理性，不能称之为真正的哲学。上个世纪就讨论过这个问题：中国究竟有没有哲学？一些人讲，中国只有实践理性的哲学，具体来讲，中国有伦理哲学、历史哲学、艺术哲学，但没有西方意义上的哲学。另一些人讲，中国有准哲学，古代中国人从现象中可以归纳出一些道理。

我觉得中国文化有其自身的特点，使用西方人的哲学学科分类方法，采取与西方一样的标准来衡量，就会产生一系列的问题。我们以西方的哲学模式来规范哲学，采用欧洲的定义作为唯一的衡量标准，用西方的实证科学的概念来衡量科学，符合西方概念的就是科学的，不符合的就不是科学的，诸如此类的判断体系，势必会对中国传统文化产生质疑。

近代以来，我们也以西方学科的基本模式作为标准来衡量一切。据此来衡量，可以说，中国就一无所有了。既没有西方标准意义上的哲学，也没有宗教、科学。胡适在哥伦比亚大学留学时撰写的博士论文《先秦名学史》对先秦哲学进行了逻辑分析。有人说，中国没有逻辑，要有的话，也就是先秦名学有一点逻辑，这以后中国就没有逻辑了。我就觉得奇怪了，逻辑是和语言联系在一起，如果没有逻辑，说话就会颠三倒四的。

中国的逻辑是语境逻辑

中国人有自己的逻辑，有说话的一套规则。

我常讲，中国的逻辑是语境逻辑。一定语境的次序就决定了概念的性质，而不是脱离了语境来抽象地分析某个词。我们不能脱离语境来分析大前提、小前提然后得出个结论。有些人片面地认为逻辑只有一个模式，亚里士多德的三段论是标准模式，按此标准来评价，中国就没有逻辑。

中国人几千年说话真的都颠三倒四吗？不是那样的。中国有自己的逻辑，只是我们没有去挖掘它，哲学也是如此。明末的李之藻在翻译《名理探》的时候，涉及到斐禄琐费亚（Philosophia 音译）这个概念，他讲得很清楚，斐禄琐费亚从字面上讲就是爱智，这种爱智的学问在中国就相当于理学，他并没有拿西方的某个标准来衡量中国的学问。

中国的宗教是人道的宗教

上个世纪，几乎所有人都在讲中国没有宗教，按照欧洲唯物主义者和无神论者对宗教的定义，中国没有西方意义上的宗教，大部分中国人都认为中国是没有宗教信仰的国家。我想现在绝大部分的人在填表时都会在宗教信仰上填"无"。那中国历史上到底有没有宗教呢？

康有为不简单，他提出中国也是有宗教的，宗教可以有不同的形式。中国是人道的宗教，西方是神道的宗教。他进一步指出："中国之人心风俗礼仪法度，皆以孔教为本，若不敬孔教而灭弃之，则人心无所附，风俗败坏，礼化缺裂，法守扫地。"（《康有为政论集·乱后罪言》）

章太炎认为，佛教是无神论的宗教。如果我们按照欧洲对宗教的定义来看，无神恰恰是宗教的对立面。章太炎还想把佛教立为中国的国教，因为佛教具有无神的性质，跟科学精神相一致，也有许多跟民主精神相一致的概念，例如，佛教讲众生平等。

章太炎指出了中西哲学的优缺点，他说：

外国哲学是从物质发生的……外国哲学注重物质，所以很精的。中国哲学是从人事发生的……于物质是很疏的。人事原是幻变不定的，中国哲学从人事出发，所以有应变的长处，但是短处却在不甚确实。这是中外不同的地方。于造就人才上，中胜于西，西洋哲学虽然从物质发生，但是到得程度高了，也就没有物质可以实验，也就是没有实用，不过理想高超罢了。中国哲学由人事发生，人事是心造的，所以可从心实验，心是人人皆有的，但是心不能用理想去求，非自己实验不可。中国哲学就使到了高度，仍可用理学家验心的方法来实验，……这是中胜于西的地方。（《太炎学说》）

中西哲学关注的对象不同，西方哲学关注的对象是物质，中国哲学关注的对象是人事。物质是静止的，可以精确细致；人事是变动不居的，只能是模糊的。我想，大体来讲，西方的科学同样更关注物，中国的科学也更关注人自身，这就形成了许多不同的思维方法，一个是物道的科学；另一个是人道的科学。

神道宗教以神为根本，人道宗教以人为根本；物道科学以物为根本，人道科学以人为根本。从这个意义上讲，不同的背景可以形成不同的哲学、宗教、科学，而以唯一标准来衡量一切，很多人的思维就会被唯一标准禁锢。如果打破唯一标准的禁锢，认同宗教可以有不同的形态，可以是有神的，也可以是无神的，科学、哲学也可以有不同的形态，我们的眼界就会更开阔，就可以通过中西方文化相互吸收精华来丰富、发展中国的传统文化，而不是只信一个，排斥另一个。

找回自我

中国人很早就提出：天生万物是为了养性的，而不是去性养的。养性是为了让人性能够得到更好的滋养，如果人的七情六欲被物质牵着鼻子走就是性养了，人就异化了。在科技昌明的时代，最大的问题在于在科技的冲击下人的自我沦丧。本来人创造的科技文化是为了让人获得更大的解放和自由，物质文明也应该是让人身心更加健康，但结果却事与愿违。

上个世纪初，人们就开始哀叹人成了机器的奴隶。本来发展科技是为了解放人，让人有更大的活动空间，结果机器把人牵制住了，人的生活变得枯燥单调。现在很多人都成了信息的奴隶，电脑发展到现在也才几十年时间，到八十年代才有了微型计算机，当时人们觉得有了电脑就能实现无纸化办公，可以节约大量纸张，可事实是更加浪费纸张了。人也越来越依靠电脑了，可能一不小心电脑上储存的东西就全部丢失了，这是非常可怕的。人本来想更主动，结果却变得更被动，这种异化的结果是人的主体性的丧失。

人文就是以人为本，让人类找回自我。人要去适应外在的世界，但更多的是要掌握主动权，不被外界束缚住。有句话讲得好，所有科技都是人的感官的延伸，这会让人忘乎所以，自以为了不起。可事实上现在人们依然无法全面了解地壳的运动，不知道什么时候会发生地震。人要既看到自己的伟大，也要看到自己的渺小，不要被伟大冲昏了头脑，不然遭殃的会是人类自己。

每个人都会有得病的时候，但人自身有免疫力，人也拥有靠自身的调节就能痊愈的能力。现代医学发展的结果是人类对药物越来越依赖，不太相信自己还有免疫力等。某些科技发明会让人本来具有的功能退化。人的创造发明越多，人自身能量的开发能力就越弱。随着科技的进步，人的直觉力降低了，变得越来越麻木，人各方面的能力其实是在弱化。

以前夏天没有电扇也过来了，但现在人离开了空调就没法生活了。人的抗寒抗热的能力也降低了，越来越经不起寒热，空调的发明也在一定程度上造成了环境的恶化。人本来具有的能力弱化了，人类自身也越来越没有信心。人一有病，就马上想到要上医院看病，然后打针吃药，这是非常自然的事情，而想不到自己要多调理，情绪快乐一点。有的病不是药能治好的，更多的是需要情绪的调节，这不是高科技能解决的问题。现在提倡要让人病了都有地方看，能够看得起病，这只是治标，不是治本。要让大家少生病、少看病才对。

《黄帝内经》上说"不治已病治未病"。防病不得病，就不需要那么多医院了。现在的观念也存在很多问题，医院是专门找病来治疗的，其实不生病才是最关键的。传统的说法是"病由口入，病由心生"，这告诉我们要不生病就得管住嘴，调好心，这样就可以少得病了。人们管不住嘴、调不好心，病就越来越多了，医院根本处理不过来。大家乐于去吃喝消费，会把人的脾胃都吃坏了。中国的养生文化里讲到，脾胃一衰，百病皆起。脾胃是后天生命之本，全身的给养都要通过脾胃来补充，养护脾胃很重要。中国有一个派别就主张看病首先要调理脾胃。现在有的女孩子怕胖就不吃主食，其实这是没有道理的，不吃五谷问题很严重。五谷生气，精气神中气是根本，没有气，哪来的精和神？中国古代养生讲气是基础，神是主导，要养气、养神。

现在的社会不能只靠科技，要把人的潜能充分地开发出来，不仅是人的身心，而且很多社会的问题都要从人文来入手。人文关怀是一种情感的投资，有时候一句好话比任何营养品都管用。佛教讲要有慈悲心、布施心，不只是给钱才是布施，一句好话、一个笑脸也是布施，语言、行动的布施也很重要。现在很缺乏这样的人文关怀，很多人怨天怨地、怨人怨事，就是不怨自己，这样的人烦恼一定会多，而大部分的烦恼都是自己想出来的。

很多社会问题都与人的精神状态相关，生理上的病多半来源于人的情绪。情绪还只是一个层面，更深层的是人生观、价值观。很多人很茫然，对人生充满忧虑，其实，活好当下最重要。在短暂的人生中，正确认识自己，给自己一个准确的定位是很有必要的。追求享乐、对他人冷漠、自私自利都是在伤害别人，尤其是对亲人会造成很大的伤害。

我们的每个行为都要检点，中国有句古话"勿以恶小而为之，勿以善小而不为"（《三国志·蜀书·先主传》裴松之注），一个社会是各种力的合成，社会的发展是合力运动的结果。

大家要明白人生的价值、生命的意义，人文的教育也着重于此。人不能浑浑噩噩过日子，一个人要获得身心健康，据中国古代的养生，要做到"驭欲、养情、明理"，控制好七情六欲，掌握正确的人生观、价值观，懂得生命的意义。

现代社会许多人都有严重的心理问题，这引起了世界范围的广泛关注。有人提出 21 世纪主要是心理疾病的世纪，百分之八九十的疾病都是由不良情绪引起的，过于激动、悲伤都会伤害身体。我最近在思考一个题目，就是自然、人文的生命文化。中国的养生文化就是生生之学，天地生生不息，天地之大德是生，"生生之谓易"（《周易·系辞上》）。天地生养万物，我们就要珍惜、善待生命。中国古代一直把生生之学看作是重要的学问，天地万物中人最宝贵，人生难得，要善待生命，千万不能轻生、害生。中国讲卫生，日本讲厚生，即保卫、厚待生命，这都是中国传统的理念。《吕氏春秋》里把生分为四等，第一等叫作全生，第二等叫作亏生，第三等叫作死，第四等叫作迫生。"所谓全生者，六欲皆得其宜也。所谓亏生者，六欲分得其宜也。……所谓死者，无有所以知，复其未生也。所谓迫生者，六欲莫得其宜也，皆获其所甚恶者。"（《吕氏春秋·贵生》）死是回到没有欲望的状态，迫生是六欲都不得其宜，就会活得很痛苦了，现在很多人都是活在迫生的状态。生命质量不取决于物质，没有物质，我们的生命质量一定是低下的，但物质并不一定就能提高我们的生命质量，最重要的是我们要用精神去支配欲望。

人文就是要从身心的健康、人类的发展等方

面来全面考虑。我曾经提出一个问题："科技是不是越发达越好呢？"有的人就觉得这个问题很奇怪，当然是科技越发达越好。我觉得人能够达到的科技目标并不一定要去达到，有时达到了目标并不见得是好事，可能带来的负面效应更大。我想人迟早会有能力复制出更多生命来，如果复制出一个跟你一模一样的人出来你受得了吗？同时我们也需要科技伦理，在科技伦理中，规定哪些能创造，哪些不能创造。科技创造不是仅仅为了满足人类的发明欲和成就感。

科技虽然帮助了我们，但它如果没有人文精神的指导，就会失去灵魂。现在要大力呼吁人文精神的回归，人文教育的恢复。

以人为本

——中国文化最根本的精神

与西方文化相比，以人为本的人文精神是中国文化最根本的精神，也是一个最重要的特征。中国文化中没有一个外在的神或造物主，中国家庭、社会秩序的维护都是靠道德的自觉自律。中国传统文化强调人的主体性、独立性、能动性。

以人为本的中国文化是中华民族对人类的一项重要贡献。在很多人的观念中，现在的人本主义是西方的舶来品，而根本不知道它原来是中国文化的土特产。近代西方文化所倡导的人本主义思想，与中国传统文化中的人本思想有着密切的关联。

中国自西周以来就确立了以人为本的文化精神，而西方在公元一世纪以后确立的是以神为本的文化，基督教是西方文化的精神核心之一。西方直至欧洲启蒙运动时期才高举起人本主义的旗帜，思想家们启发人不要做神的奴隶，要做人自己。启蒙运动的思想来源之一是古希腊罗马文化，而更重要的来源是十六世纪以后通过西方传教士从中国带回去的以人为本的文化精神。他们以中国的人本思想去批判欧洲中世纪以来的神本文化，高扬人类理性的独立、自主，把中国看作是最理想的社会。从某种程度上讲，欧洲的人本主义是从中国传过去的，深受中国文化的影响。

一

我们一定要知道中国文化中的两个优秀传统。一个是"以史为鉴"，一个是"以天为则"。唐太宗说："以铜为鉴，可正衣冠；以古为鉴，可知兴替。"（《新唐书·魏徵传》）古代中国重视历史经验的积累。在全世界，中国的历史著作是最系统、最完备的，中国有"二十四"史，还有很多野史或辅助性的历史资料。中国每个朝代等到政权相对稳定以后，做的第一件事是制礼作乐，第二件事就是修前朝的历史。中国以人为本的人文精神就是通过"以史为鉴"总结出来的，是这一文化传统的成果。

西周初期，人们反思夏、商两代兴亡的原因。通过对历史的观察，人们看到夏代发端于大禹治水。当时天下洪水泛滥，民不聊生。大禹把水灾治理好，让老百姓安居乐业，大家拥护他建立了夏朝。可是最后一个君主夏桀，荒淫暴虐，老百姓一天到晚都在诅咒："时日曷丧，予及汝皆亡！"（《尚书·汤誓》）就在这样一个"有夏昏德，民坠涂炭"（《尚书·仲虺之诰》）的时期，商部落在成汤的带领下推翻了夏朝，建立起商朝，老百姓歌颂他把人们从水深火热中解救了出来。商代是中国历史上非常重要的一个时代，我们现在能看到的早期相对成熟的文字就是商代的甲骨文。商代人很信天命，最后一个天子纣王荒淫暴虐，他在位的时候已经出现了民心叛逆，大臣祖伊告诉他，民心都要归向周部落了，得注意了。纣王却说："呜呼，我生不有命在天？"（《尚书·西伯戡黎》）纣王自认为周人也奈何不了他。可哪里知道，西北地区的周部落受到民众的拥护，在武王的带领下，推翻了商朝，纣王兵败自杀。商灭夏，周灭商，在历史上称为"汤武革命"（《周易·革卦·彖传》）。

以历史为镜，周王朝一开始就认识到这样一个道理："天命靡常。"（《诗经·文王之什·文王》）天命是会被别人革掉的。天命怎么变化呢？根据什么变化呢？《尚书》里记载了周人对历史经验教训的总结："皇天无亲，惟德是辅。"（《尚书·蔡仲之命》）这是非常重要的一句话。周人提出了一个重要的观念——"敬德"，而且要"疾敬德"（《尚书·召诰》），即努力地、迅速地提升自己的德行。这就形成了中国文化的人文特征，即决定命运、政权兴亡的不在于外在的力量，而在于人自身德行的好坏。古人认为，上天是根据民意来做事情的，《尚书》里有很多这样的记载，如"民惟邦本，本固邦宁"（《尚书·五子之歌》），"天视自我民视，天听自我民听"（《尚书·泰誓中》）等等。春秋时期齐桓公和管仲曾有一段对话：

> 齐桓公问于管仲曰："王者何贵？"曰："贵天。"桓公仰而视天。管仲曰："所谓天，非苍莽之天也。王者以百姓为天。"（《韩诗外传》卷四）

中国文化里的"天"不是简单地指天空，也不是指造物主。天的含义很丰富，是天道的天，天也代表民意。中国文化的人文精神重点就在于人不受外在的力量、命运主宰，不是神的奴隶，而是要靠自身德行的提升。以人为本的人文精神的核心就是决定人的命运的根本因素是人自己的德行，是以"德"为本，而不是靠外在的"天命"，人不能成为"天命"（神）的奴隶。

从中国传统文化中，我们可以看到古人非常强调修身。《大学》的第一句话是："大学之道，在明明德，在亲民，在止于至善。"第一个"明"是发扬光大，第二个"明"是形容这个德是光明正大的。每个人都有明德，我们要把它发扬出来。这几句是《大学》的"三纲领"。《大学》还有"八条目"：

格物、致知、诚意、正心、修身、齐家、治国、平天下。其中修身是关键，因此才有"自天子以至于庶人，壹是皆以修身为本"的提法。修身就是自我德行的提升，不仅仅是在口头上、认识上，更重要的是要在行动上、实践上提升自己。

为了不断提升自我的德行，就必须防止物欲的引诱和腐蚀，人不能成为物的奴隶。先秦末期的思想家荀子在书中记载了一句谚语："君子役物，小人役于物。"意思是说，君子能够控制物，而小人就会被物所控制。《管子》中有一篇文章叫《心术》，这篇文章讲得很清楚，"心"在人体中处于君的地位，五官处于臣的地位，"无以物乱官，毋以官乱心"。眼、耳、鼻、舌、身这些感官要受心的统治和管理，五官与外界接触之后是去管理外物的。眼睛看到美色、鼻子闻到香味、嘴巴尝到滋味，都得去管理物，不能反过来让这些物管住感官，不能让感官管住心，一颠倒就变成小人了。能够用心管住五官，用五官管住外物，这就是君子。因此，要成为一个有独立性、主体性、能动性的人，就不应该被物管住，不能被物欲腐蚀，否则就会丧失做人的底线。

我曾对中国文化中以人为本的人文特色做过一个简单的描述，即："上薄拜神教"，"下防拜物教"。

人要自觉地从物欲中解脱出来并不容易，人要自觉自律地奉行为人之道也很艰难。当今世界人与人之间争斗不已，民族、国家内部、外部大小战争不断，新人本主义的大旗仍需要继续高举。上世纪两次世界大战后西方社会高举新人本主义的大旗，就是为了使人从物欲的牢笼中解脱出来，做一个遵循人道、关爱人类、懂得自觉自律的人。

欧洲启蒙运动时期的人本主义思潮在冲破中世纪神本主义文化中取得了极大的成就，发展为西方近代以来的理性文化。西方社会取得了人类社会史无前例的科技、人文文化的大发展、大进步。但同时我们也必须注意到，中国文化中以人为本的人文精神在西方文化传统影响下所发生的变异，即在西方传统文化中非此即彼的二元对立的思维方式影响下产生的一系列问题。当人类从神的脚下站立起来后，人的主体性、独立性、能动性得到了肯定，人就要替代神来主宰天地万物了。人随着理性被肯定，科技力量的增长，喊出了"人定胜天"的豪言壮语。受"科技万能"思想的影响，许多人认为人类应当而且能够征服自然、改造自然。在人类理性力量的成果——科学和技术日益发展的情况下，"科学主义"、"科技万能"的思想日益泛滥。人类自以为凭借科技的力量可以随心所欲地去征服、改造自然，主宰宇宙。与神本文化相对的人本主义被异化为人类要主宰一切的"人类中心主义"了。为了满足人类的贪欲，人类对自然的征服、改造又异化成对自然资源的过度开发和掠夺，这使人沦落为物质的奴隶。

二

中国文化中还有一个重要的优秀传统，即"以天为则"的传统。

中国文化中的以人为本是强调人的自我管理，是向内的管住自己，不仅要管住感官，更要管住心。人只有管住自己的心，才能管住自己的行为。

在传统文化典籍中有这样的记载："心之在体，君之位也。九窍之有职，官之分也。"（《管子·心术上》）"无以物乱官，毋以官乱心。"（《管子·心术下》）"君子役物，小人役于物。"（《荀子·修身》）人要保持品德，就要警惕物欲的腐蚀。如果放纵自己，对欲望无止境地追求，人就会被物控制住，丧失自己的独立性、主体性、能动性，而成为物的奴隶。

中国文化中另一个重要传统是"以天为则"。孔子说："大哉！尧之为君也，巍巍乎！唯天为大，唯尧则之。"（《论语·泰伯》）中国人非常强调以天地为榜样，向天地学习。如果去孔庙，人们就可以看到，我们是用"德配天地"、"德侔天地"来赞扬孔子的。圣人的品德能够与天地相配，与天地一样高明博厚。从另一个角度来讲，人绝对不能去做万物的主宰，相反，恰恰是要向天地万物学习。道家讲的"道法自然"也是如此，"自然"不是如今所说自然界的概念，而是说事物的自然而然、本然的状态。值得我们学习的"道法自然"就是强调人应尊重事物的本然状态。

天地有很多值得我们学习的品德。我们看到天地从来没有因为喜欢不喜欢而舍弃一些东西，天上的太阳、月亮、星星都是普照万物的，"天无私覆，地无私载，日月无私照"（《礼记·孔子闲居》）。天地是这样地广大无私，包容万物，人类首先就要学习天地的这些品德。很多人说中国的文化讲的是"天人合一"，其实，更准确地说应当是"天人合德"，即人与天在德行上的一致。天地是非常诚信的，孔子说："天何言哉？四时行焉，百物生焉。天何言哉？"（《论语·阳货》）用一个字来形容天就是"诚"。《中庸》里讲："诚者天之道也，诚之者人之道也。"孟子也说："诚者天之道也，思诚者人之道也。"（《孟子·离娄上》）这也就是说，人道是从天道学来的，天道是诚，因此，人也要诚。这一说法在《周易·观卦·彖传》里也可以得到印证："观天之神道，而四时不忒。圣人以神道设教，而天下服矣。"这里的"神"不是造物主的神，"阴阳不测之谓神"，"知变化之道者，其知神之所为乎"（《周易·系辞上》）。在中国传统文化中，"神"最根本的含义是指万物的变化。过去我们把"神道设教"曲解得一塌糊涂，以为这四个字是讲抬出一个神秘的、高高在上的神来教化大家。其实，这里一点儿神秘主义都没有。我们观察天的变化之道，看到春夏秋冬四时是没有差错的，这就是诚。圣人按照天的神道——"诚"来教化民众，天下就太平了。在某种意义上讲，人最主要的德行都是从天地中学来的。

我们不仅要向天地学习，还要向万物学习。唐代诗人白居易的一首诗中说："离离原上草，一岁一枯荣。野火烧不尽，春风吹又生。"（《赋得古原草送别》）这是要人们学习小草顽强的精神。有两句写竹子的诗："未出土时便有节，及凌云处尚虚心。"这是要人们坚守做人的气节，地位、身份再显赫也要虚心谦下。

最值得人学习的就是水。老子《道德经》中说"上善若水"，也就是说，水具有最高的品德。很多书里都记载了"孔子遇水必观"，中国人很注意向水学习。水的品德太多了。水总是往下流，普润万物，从来不居功自傲，要求回报，这是谦虚的品德。水也能够包容万物，它没有自己的形状，而是随器赋形。孔子说"君子不器"(《论语·为政》)。水还有坚忍不拔、以柔克刚的品德。最柔弱的水滴穿透了坚硬的石头，就是因为水有坚忍不拔的精神。

人们常说，女人是水做的。女人柔弱，可她又有一股韧劲儿。以柔克刚，刚柔相济，这是双赢。如果以刚对刚，一定是两败俱伤。现在社会上懂得运用柔的智慧的人太少了。现代社会中，女性的作用日益凸显，人们常常用阴盛阳衰来评说这种社会现象。其实，阴盛阳衰只是从现象上来看的，而实际上是阳盛阴衰。因为本来应该阴的、柔的，现在都变成阳的、刚的了。拿人类与整个自然关系来说，如果说整个自然是阳，人类是阴，现代人要去征服自然，人就变成阳了。以阳对阳，结果是人类自身遭殃。我们是阴，就应该顺应自然的变化规律。

在中国的传统文化中，一方面强调人不能做神的奴隶，也不能做物的奴隶，而要做人自己，保持人的主体性、独立性和能动性；另一方面强调人也不能狂妄自大，不要去做天地万物的主宰，反而要虚心地向天地万物学习，尊重、顺应自然。"以人为本"的人文精神与"道法自然"、"天人合一"的思想的结合，保证了中国文化中的人本主义不可能异化为"人类中心主义"。

纵观近几百年来的历史，人与自然的关系、人与人（社会）的关系、身心的关系，日趋紧张、恶化，原因之一就是以人为本的人文精神的遗失。因此，现在亟须重振以人为本的人文文化，而抛弃异化了的"人类中心主义"，以及与此相关的"科学主义"、"科技万能"等思想。正确地阐释和弘扬中国传统文化中以人为本的人文精神，将它贡献给世界，是当前弘扬中国优秀传统文化的重要任务。

中庸之道

怎样理解传统文化中的中和思想呢？据《中庸》记载，"喜怒哀乐之未发，谓之中；发而皆中节，谓之和。中也者，天下之大本也；和也者，天下之达道也。致中和，天地位焉，万物育焉。""喜怒哀乐之未发，谓之中"，这个"中"是在内的意思，没有表现出来；"发而皆中节"，即符合节度，就是恰如其分的意思，这就是"和"，其达到的结果就是平衡、和谐。"庸者，用也"，"中庸"反过来讲，也就是"用中"，这是一个实践的原则，通过"中"这个原则，达到"和"的状态。"致中和，天地位焉，万物育焉"，名分、地位都确立，天覆地载，天地各在其位，万物便生长繁育了。这句话是用来解释中庸以及中庸所达到的状态的。喜怒哀乐表现出来时要符合节度，恰到好处，也就是孔子讲的"乐而不淫，哀而不伤"。

中庸是儒家的根本实践原则。孔子说："中庸之为德也，其至矣乎！民鲜久矣。"现在按照中庸的原则来做事情的人依然很少。很多人误认为中庸就是无原则的调和，其实中庸恰恰是讲原则，有标准的，不能过度，也不能不及。中庸不是调和各方面的意见使之适中，或哪里力量强了就往哪里去，这种调和是"德之贼"，是乡愿。也有一些人把中庸与折中主义混为一谈，这也是错误的。"折中"这个概念，有其标准的涵义，即判断事物的准则，司马迁说："中国言六艺者折中于夫子，可谓至圣矣！"（《史记·孔子世家》）

我们对中庸的概念认识不足，如果在实践过程中违背了中庸之道就会出问题。对子女不管不顾会出问题，过分溺爱也会出问题；老饿着肚子会出问题，总是吃得过饱也要出问题。现实生活的其他方面也是如此，我们离不开中庸之道。社会是各种合力的结果，我们要用中庸之道让社会达到中和的状态。

什么是无为而治？

　　无为而治有相当现实的意义。我们首先要搞清楚什么是无为而治，无为而治不是无所作为。在我看来，无为而治比所谓的作为更难，为什么呢？道家讲的无为而治，即不要用主观去干涉客观的事物，要充分把握客观事物发展的趋势，然后顺应这种趋势，推动世界的发展。在推动世界发展的过程中，可以实现人的愿望，这是更高级的无为，所以叫作"无为而无不为"。

　　"若吾所谓无为者，私志不得入公道，嗜欲不得枉正术。"（《淮南子·修务训》）这就点明了什么是真正的无为。私志就是个人的愿望，以人类来讲，即人类的愿望。公是天地万物，公道是天地万物运行的根本规律。我们不能用人类的愿望去随意干涉公道。"嗜欲不得枉正术"中的"嗜欲"也就是爱好，"枉"就是影响干扰。正术，即正确规律。书中还有以下几句话："循理而举事，因资而立功，权自然之势，而曲故不得容者，事成而身弗伐，功立而名弗有。非谓其感而不应，攻而不动者。"我们做什么事情都要遵循事物之理，这还不见得一定能成功，还要看条件是否具备，环境是否适合。这就是道家的无为而治，用老子的话讲就是"辅万物之自然而不敢为"。(《老子》六十四章)我们能够辅助事物按照其规律发展，这就是无为而治。

《淮南子》口还提出了"权自然之势"的理念。达到无为而治的境界比想怎么干就怎么干要难得多。每个人都有这样的体会，我们经常好心做坏事，好心没错，但为什么会做坏事呢？动机跟效果为什么不一致呢？就是因为你没有把握好时机，没有考虑到条件是否成熟，环境合不合适。有些理想主义者认为，只要是合理的、理想的就应该去做，而不知道理想虽合理，条件却不具备，理想也不会转化成现实。老子无为而治的思想是要我们充分把握事物发展的根本规律。中国哲学中"势"这个概念非常重要。我们常讲趋势、势位，趋势是事物总体的发展方向，任何力量都阻挡不了，只能顺着势去引导。要想水不往下流是不可能的，但我们可以引导水往某个方向流，这就是顺着水的趋势推和辅。这样做既达到了人的目的，又符合事物的本性。

我们讲人事的时候经常会讲势位，有什么样的位，就有什么样的势。说话的内容相同，在不同的位置，说话的分量和作用是不一样的，这就是势。每个人都要谨言慎势，明白自己的地位、身份。有的人振臂一呼，大家都会跟随他；有的人喊破嗓子，却没人理睬。法家分三派——法、术、势。我们常把术看作是阴谋诡计。其实，术是灵活的，是有很多正面东西的。老子就有很多术。适时变通来做事，这是传统文化中权术的本义。现在权术常作贬义词，其实权术的本义是正面的，也就是懂得变化，不仅要守住常，而且还懂得变。常就是经，变就是权。"常"即永恒不变的原则；"权"是在不违背原则的前提下，根据环境条件采取的变通措施。在法、术、势里，术简单地讲，就是方法。人要做成一件事情，第一要心术正，第二要方法对。只是心术正，方法不对没用；仅方法对，心术不正也不行，一定要把心术与方法结合起来。

自利与利他

在《荀子》一书中，记载着这样一个故事：有一天，孔子在一间屋子里坐着。一会儿，他的弟子子路进来了。孔子就问他："智者应该是怎样的？仁者应该是怎样的？"智和仁是儒家圣人必须具备的两种品德，所以孔子才问子路："知者若何？仁者若何？"子路回答："知者使人知己，仁者使人爱己。"孔子评价道："可谓士矣。"意思是，可以称作士了，也就是读过书、懂得道理的人了。过了一会儿，子贡进来了。孔子又问同样的问题。子贡回答："知者知人，仁者爱人。"孔子说："可谓士君子矣。"意思是，可以称为士里面的君子，比一般的士在道德建树上又高了一层。子贡出去以后，颜渊进来了。孔子还以同样的问题问颜渊。颜渊回答："知者自知，仁者自爱。"孔子给了他最高的评价："可谓明君子矣。"（《荀子·子道》）意思是，在君子里，是头脑最清醒、看问题最透彻的人。

我觉得儒家讲的仁就应该包括自爱、爱人和被人爱三个层次。从某个角度来讲，只有自爱，才懂得怎样去爱人。只有自爱，懂得爱别人，别人才会来爱你，自爱、爱人两者并不矛盾。

自利、利他之间其实也并不冲突。利他是对的，但也不要跟自利对立起来，连自利都做不到怎么去利他呢？孔子说："夫仁者，己欲立而立人，己欲达而达人。"（《论语·雍也》）这句话不仅是理念上的要求，而且自己做到才是关键。自己应该明确要达到的人生目标，知道怎样去帮助别人。自己都无法自立，怎么去帮助别人呢？过去常讲帮助别人丝毫不爱自己才是大公无私，其实，大公无私的前提是自己能够在社会上立足，懂得自爱，才能真正地去爱别人。我在讲到开发情商的问题时说，

67

每个人首先要懂得自爱，才能去爱别人，然后也能得到别人的爱。我也讲过一个反例，明代有个人在他的笔记里讲到，古董商都是先自欺，再欺人，最后被人欺。古董商首先是自欺，他得到一个物件，是真的还是假的连自己还没搞清楚就去骗人，最后的结果就是被别人欺骗。很多人都认为儒家倡导的是"仁者爱人"，我觉得还不够全面。"自爱爱人被人爱，自知知人被人知"更好，这三个环节是不可分割的。

作为个人，要从自爱、爱人做起，然后才能得到别人的爱。就像子路一样还不知道自爱、爱人，首先就讲仁是使人爱己，那就有问题了。鼓吹要去爱别人，唯独不爱自己也不可取。公而忘私其实是一个抽象的道，如果连自己都保护不好，怎么去保护别人呢？当然也不是说只保护好自己，就不去管别人了，那当然就是自私自利。我们应该全面理解自利、利他的问题。

传统书院的精神

传统书院的精神可以从各个方面来探讨，但也有一些共性问题，这些问题不仅需要我们去认真探讨，更需要我们在实践中解决。

我觉得中国传统书院的根本精神，就是教之以为人之道，为学之方，这是教育的根本理念和宗旨。在中国传统文化中，非常重视教育。《礼记·学记》中明确指出："建国君民，教学为先。"作为"立国之本"的教育并不是简单地教授知识，而是教之以为人之道和为学之方。

中国传统教育是将知识和德行教育结合在一

起的。近年来，教育界提倡与世界接轨，实际上就开启了一个误区：在西方的教育传统中，知识教育和道德教育一般是分头进行的，学校是知识教育的场所，教堂是道德教育的场所。在中国传统文化中，知识教育和道德教育是集于一身的，书院充分地体现了这种理念。在知识教育和道德教育中，德育教育又是放在第一位的，为人之道是传统书院教书育人的根本理念。即使是知识传授，也不是灌输书本、章句的知识，而是教会人们发现、掌握和运用知识的方法和能力，这就是为学之方。

朱熹在《大学章句序》中明确规定了教育中两个阶段的教学内容：八岁到十五岁小学阶段的教育是"教之以洒扫、应对、进退之节，礼、乐、射、御、书、数之文"，这个阶段的教育注重的主要是行为规范的养成；十五岁以后大学阶段的教育，"教之以穷理、正心、修己、治人之道"，注重道德修养、尊师重道，这都是围绕着为人之道展开的，从小学到大学都要培养人的道德品质。

朱熹还提出了六条读书方法，这六条实际上

也是书院的教学方法：循序渐进、熟读精思、虚心涵泳、切己体察、着紧用力、居敬持志。这就是为学之方，从学习到实践的过程朱熹都提到了。

首先，中国古代书院的理念和宗旨是围绕怎样做人、成为怎样的人来展开的，这实际上也是现代教育经常讨论的问题——我们究竟是要培养一个人还是培养一个什么样的人呢？我是上个世纪五十年代进入北大的，当时进入北大看到的标语都是"欢迎你，未来的哲学家"……目标是成为一个"家"。还没有成为一个真正的人，怎么可能成为真正的"家"呢？教育的根本是培养一个真正的人。

我们经常会强调职业道德教育，但一个人连做人的道德都没学会，怎么可能会遵守职业道德呢？如果他能够遵守做人的基本道德，他也会遵守职业道德，二者之间是本末的关系。"君子务本，本立而道生"，做人之道是根本，只有抓住"本"，"末"才能产生，用王弼的话讲就是"举本统末"，"举本"才能"统末"。许多人都是本末颠倒，我们重视成为一个什么"家"，而忽视如何成为一个真正的人，我们强调职业道德而不重视人的道德教育。

其次，书院也继承了传统的教育理念，即"有教无类，因材施教"，这两个方面的配合非常重要。一方面，不管你的资质、身份如何，都是"有教无类"；另一方面，又要根据不同的资质进行不同的教育，充分发挥每个学生的特长，批量化、标准化、规范化扼杀了许多学子的才华。

再次，书院教育理念中根本的一点就是启发式教育。什么是启发式教育？启发即点拨之义。该怎么点拨呢？首先要培养学习的自觉性。孔子讲："不愤不启，不悱不发。"充分调动学习的主动性是启发式教育的关键，然后才有"引而不发，跃如也"。如果学生没有学习意愿，老师再启发也没有用。我原来对马一浮先生有些不理解。当年，浙江大学请马一浮先生当教授，他说："我不去"，"礼闻来学，未闻往教"。那样坚持干什么呢？虽然是"礼闻来学，未闻往教"，但人家来请你，你就可以去传道，那样做太古板了。后来想想，马先生这样做很有道理——你没有来学的精神，我为什么去教你呢？对方没有学习的意愿，我们主动送上门，那就是对牛弹琴。对牛弹琴不是牛的问题，而是弹琴者的问题，弹琴者不看对象就弹，对方根本没有需要，你非要送上门去给人家。因此，学子一定要自觉主动地提出学习要求，老师才能给予针对性的教育。传统的书院教育都是自觉自愿的，古代常见学子背着粮食跑到深山老林来求学，主动性很强，做老师的就爱收这样的学生，对这样的学生才能进行启发式的教学。有了自觉性、主动性，学生才可能举一反三、融会贯通。

此外，书院坚持的另一个原则就是自学为主，相互切磋，教学相长，自由讲学。书院是自学为主，不是灌输。同学、师生之间相互切磋，这样就能够教学相长。然后才能自由讲学，大家可以发表自己的意见。这是书院非常好的传统。书院的精神是：注重学术研究，深化学理探讨。

最后，书院还有一个传统，就是密切的师生关系，师生如父子，书院如家庭，这是非常有意义的一件事情。我们现在的师生，只是在课堂上才见面。有人说"师生如父子"是封建的东西。其实我觉得"师生如父子"——师父师父，学子学子，师就是父，学就是子——是不能简单地否定的。我们过去也常讲君父、臣子，父母官、子民，这都是通过父子关系构建一种亲情，然后达到融洽的关系。可能很多人会反对师生如父子，书院如家庭。最近，我接受中央电视台的一个专题采访，其中有一个问题是中国历史上是家国同构的，这是封建专制主义的特征吗？是的，中国古代确实是家国同构，古人常把国天下变成家天下，然后把家天下推扩到国天下。很多人认为这是传统文化中的腐朽作风，近百年来，我们批判宗法血缘制度的核心也是直指家国同构，不能否认家国同构确实有问题。但是，这个问题也还有其他的维度，把地方官称作"父母官"，把官员、百姓的关系纳入"父母、子女关系"中，就绝对的不好吗？父母对子女永远是无私奉献、不计回报的。有这一层关系，恐怕比雇佣关系要好很多。所以，我们看任何问题都不能简单化。当今教育非常需要师生如父子，书院如家庭的书院传统。现在的教育变成了学生出钱买知识，教授收钱卖知识，那还有什么意义呢？

传统书院里所有的老师同学同学习、同探讨、同游乐，现在还有多少地方能这样做呢？我们希望书院能实践这一传统。我们都知道王阳明游南镇的故事。什么叫"游南镇"？不就是老师、学生等一起郊游吗？大家在南镇游玩看到了花，一友人指着岩中花树问："天下无心外之物，如此花树，在深山中自开自落，于我心亦何相关？"王阳明答道："你未看此花时，此花与汝心同归于寂；你来看此花时，则此花颜色一时明白起来，便知此花不在你的心外。"（《王文成公全书·传习录下》）在谈话间回答了一个非常深奥的问题，这不是单纯在课堂上能获得的知识。我讲过，学生要学会"偷学"，即随时随地都可以学，随时随地都要学。但现在教育的问题是，没有一起随时随地同游的机会，学生怎么"偷学"呢？

读书 = 做人

"读书与做人"这个题目中有两个词，一个是读书，一个是做人，中间加了一个"与"字。我想，最好把这个"与"字改成一个等号，即：读书 = 做人，做人 = 读书。

清初学者陆陇其说过，读书做人不是两件事。将所读之书，句句落实到自己身上，便是做人之法，如此方叫得能读书。如果不落实到自己身上去领会书中的道理，则读书自读书，做人自做人，只算作不能读书的人。我认为，一定要让读书与做人变成一回事，不要把它看作两件事。

清代学者朱用纯在《劝言》中也曾说过：

　　读书须先论其人，次论其法。所谓法者，不但记其章句，而当求其义理。所谓人者，不但中举人进士要读书，做好人尤要读书。中举人进士之读书，未尝不求义理，而其重究竟只在章句。做好人之读书，未尝不解章句，而其重究竟只在义理。……先儒谓今人不会读书，如读《论语》，未读时是此等人，读了后只是此等人，便是不曾读。此教人读书识义理之道也。要知圣贤之书，不是为后世中举人进士而设，是教千万世做好人，直至于大圣大贤。所以读一句书，便要反之于身，我能如是否。做一件事，便要合之于书，古人是如何，此才是读书。若只浮浮泛泛，胸中记得几句古书，出口说得几句雅话，未足为佳也。（《训俗遗规·劝言》）

　　这段话的大意是讲，读书时先要讲这个人，而不是先讲读书的方法，读书也不仅仅是读它的章句。不但求取功名需要读书，做一个好人也需要读书。为求取功名而读书，不见得不去探索文章内在的思想，但是它的重心也只是停留在文章的章句上。为了提高自身修养而读书的人，不见得不重视文章的章句，只是更看重文章内在的思想。联系到现实生活，很多人能把《三字经》《弟子规》等经典记得滚瓜烂熟，甚至可以倒背如流，但这却不是读书的方法。很多人从小学开始就背标准答案。这样的读书方式与古代为中举人进士而读书无异，其重心只不过停留在章句上。

读书的第一个目的是通晓人道，明白事理。通晓人道，即要懂得怎样做人。《淮南子》一书中有这样一段话："遍知万物而不知人道，不可谓智；遍爱群生而不爱人类，不可谓仁。"当今社会的状况跟古代相似，很多人知识很丰富，知晓群生万物的道理，就是不懂得怎样做人，我们不能说这样的人有智慧；很多人爱万物群生，却唯独不爱惜人类自己，那么就不能说这样的人具有仁这种德行。

在中国传统文化中，观察、思考问题都是从人入手的。以人为本的人文精神的根本特点就是看一切问题都和人联系在一起，都要思考它对人有何教益。

　　读书的第二个目的是变化气质，完善人格。我们不是只懂得道理就可以了，就像陆陇其所说的，要学一句就对照一下自己，并督促自己按照正确方法去做。在没学习之前，我们不明白事理，不通晓人道，这没有关系。在学习之后，我们就要根据所明白的事理，所通晓的人道去改变自己。学和行、知和行一定要结合起来，只学而不行是毫无意义的。

　　让孩子学习《弟子规》是一个很好的现象，《弟子规》中讲的都是我们日常生活中应该遵循的言行举止规范。《弟子规》不仅是对弟子讲的，每个人也都要按照书中所讲的道理去做，之所以叫作"弟子规"，是因为我们要从少年儿童时期开始就养成好习惯。我们学习《弟子规》，同样也要身体力行，日积月累，人的气质会发生变化，人格会不断地完善。

　　中国传统文化重视"为己之学"。在《论语》一书中，孔子说："古之学者为己，今之学者为人。"从字面意义上来看，今人似乎要比古人好，古人学习是在为自己打算，今人学习是在为别人打算。其实，不断地完善自己，提升自己的学问才是为己之学，它不是为了炫耀给别人看。对孔子的话，荀子有一个发挥："君子之学也，入乎耳，著乎心，布乎四体，形乎动静，端而言，蠕而动，一可以为法则。小人之学也，入乎耳，出乎口。口耳之间，则四寸耳，曷足以美七尺之躯哉！"（《荀子·劝学》）君子之学从耳朵里听进去，要把它留在心里，然后还要把它体现到行动中去，他的一言一行，都可以成为人们的榜样。反过来，小人之学，是入乎耳，出乎口，只在口耳之间……这样的学问怎么能够使七尺之躯完美呢？因此，荀子接着讲，"古之学者为己，今之学者为人。君子之学也，以美其身；小人之学也，以为禽犊"。这也就是说君子之学是为了完善自己，提升自己的学问；而小人之学是将学问当作礼物来取悦别人的，从耳朵里听进去，嘴里就说出来了，只不过丝毫没有提升自己。

荀子曾经说过，尧舜、桀纣生来是没有什么差别的，为什么尧舜会变成圣人，而桀纣会变成恶人呢？这主要是受后天的教育和周围环境的影响。我们先不讨论人性是孟子主张的"性善论"，还是像荀子说的"人之初，性本恶"。从另一个角度来讲，他们都承认人是可以改变的，变好的成为圣贤，变坏的成为恶人。《论语》中说："性相近也，习相远也。"意思是人们先天的性格是相似的，只是由于后天的成长、学习环境不一样，性情才有了很大的差别。当然，这也是相对而言的，不见得不读书的人就不会成为好人，也不见得满腹经纶的人不能成为坏人。

读书还有第三个目的：拓展知识，学习技能。这三个目的是有先后顺序的。通晓人道，明白事理是第一位的，然后再去改变气质，完善人格，最后通过实践去拓展我们的知识和技能。就像孔子讲的："弟子入则孝，出则悌，谨而信，泛爱众，而亲仁。行有余力，则以学文。"（《论语·学而》）我们首先要"志于道"，学习做人的道理，连人都做不好，事情怎么能做好呢？其实，一个人不管做什么事，都要看他（她）有没有胸怀、志向。我们做任何事决不能仅仅为了个人享乐。反之，我们要胸怀大志，为国为民，志存高远，行在脚下。我们也不能只有高远的志向，夸夸其谈，而不去行动。

我们应该读什么样的书呢？中国有句老话，叫作"开卷有益"，意思是读什么书都是可以的。但是，我们最好还是要有所选择，因为我们会被书中负面的内容所干扰。书籍是五花八门、琳琅满目的，可读之书非常多，中国传统文化典籍可分为甲、乙、丙、丁四类，或者叫经、史、子、集四类。

经书可以说是具有长久生命力的经典。所谓"经者，常也"，它是讲贯穿古今、万物，认识天道、地道、人道最根本的道理，这就是经。

先秦时就提出了"六经"的概念，即《诗》《书》《礼》《易》《乐》《春秋》。经书后来又有所扩展，增加了《论语》《孟子》《孝经》《尔雅》。除了《仪礼》这部经典之外，又添加了解释礼的书《礼记》。《春秋》的记事过于简略，后来出现了解释《春秋》的《左传》《穀梁传》《公羊传》。

通过读经书，我们就可以明天理，晓人道，知道应该怎样做人、做事，我们的言行举止应该遵守什么样的规矩。

许多人不愿意听"规矩"这个词，觉得规矩

就是要把自己束缚起来。但是，"没有规矩不成方圆"，人的行为也是如此。大家也许都很喜欢孔子的话："七十而从心所欲"。但是，我们不要忘了后面还有三个字："不逾矩。"孔子讲的是在规矩之内的随心所欲，一旦超出了规矩的范围，就要受到制裁了。

礼教告诉人们应该遵守的言行举止方面的规矩，其根本目的就是让我们认识到自己是一个什么身份的人，这样身份的人应该遵守什么样的规矩。很多人可能一听到这些就会头疼，觉得它是封建礼教的腐朽思想。我常讲，人如果想活得自由就必须要遵守规矩，如果所做的事情不符合身份，那就会四面碰壁。

通过深入的思考，就会发现我们对很多问题有偏见。一提到礼教，就会认为礼教是吃人的。"礼"的本义是什么？从某种意义上来讲，礼是一种自然法、习惯法，而不是人为的强制法，自然法是我们在生活中养成的习惯，是自觉自愿去做的。如果每个社会成员都能够尽伦尽职，这个社会一定是和谐的。尽伦尽职就是要求：在什么位置上，就应该尽这个位置上的职。可是在现实中，我们往往不能够这样去做。许多人认为，这样做是一种束缚，让自己的个性得不到发挥。

现在之所以会出现诸如"子女是否应该常回家看望父母"等一系列话题，是因为子女不关心父母。我非常赞同子女应该常回家看望父母。有些人提出："是否需要把这一条也列入到法律条文中？"我认为，这样做未免太丢中国人的脸了。中国是一个礼仪之邦，人与人之间自然存在着敬和爱，父母爱子女，子女敬父母，这是一种自然而然的习惯，不需要用法律来强制。如果连自然法都不去遵守，我们还能称得上是中国人吗？

史，即历史，是明古今之变的。司马迁讲天下的学问无非两大类，"究天人之际，通古今之变"。"究天人之际"，是探究人跟天地万物之间的关系；"通古今之变"，就是来了解人类社会的人事变动、朝代更替的经验教训。史学具有非常重要的作用，中国文化中有两个重要的传统：一个是"以史为鉴"；另一个是"以天为则"。唐太宗讲："以铜为鉴，可正衣冠；以古为鉴，可知兴替。"古人强调"观今宜鉴古"，要看出今天的问题，要拿历史当一面镜子照一下。

历史承载着文化，不知道自己国家的历史，也就不懂得自己的文化。一个不懂得自己国家民族文化的人，让他（她）来热爱自己的国家，对本国的传统文化有信心，这怎么可能呢？因此，清代学者龚自珍就讲了一句非常深刻的话："欲知大道，必先为史。灭人之国，必先去其史。"

很多人不尊重我们的祖先，不了解中华的传统文化。他们认为，社会是不断进化的，现代人进化得一定比祖先强大，这是一种直线性的进化论。历史不是直线进步的，是有进也有退。近代思想家章太炎提出"俱分进化论"理论，他认为，进化不是单向的，人们的道德观念是善恶同时发展的。古人也早就说过，"道高一尺，魔高一丈"，有时恶比善进化得还快。一定要记住，无古不成今。没有古哪来今呢？

如果有无古不成今，观今宜鉴古的理念，就不至于把传统文化彻底地抛掉。今天的很多问题，究其原因都在于历史的断裂。很多人不知道中国传统文化中哪些是需要改造的，哪些是需要坚持的。我认为，只有坚持中国文化的人文特质，才能够让我们的文化成为世界性的文化。如果放弃了我们文化的这种特质，去跟着其他国家的科学特质走，中华文化的优势永远无法形成。

子书就是各种不同的学派对天道、地道、人道的认识。我们的世界本来就是丰富多彩的，人们会从不同的角度去观察、思考，也会有不同的解释，这就是我们常常讲的文化的多样性、多元性。《孟子》里有一句话："物之不齐，物之情也。"习近平主席讲到文化多元性时曾引用过这句话。通过学习诸子百家对事物的不同看法，可以增长我们的智慧。

集部就更复杂多样了。集部里又分总集、别集、专集。读集部的书，可以长见识、养情性。文学、艺术作品等都归在集部中。集部的书，让我们从各个方面去体悟人生，可以让我们成为一个有艺术生活的人。我希望每个人多一点业余爱好，在艺术的人生里去发掘、学习人生的艺术。干巴巴的人生是总结不出人生的艺术的。

中国的传统文化中整体性的道理"古今一也，万物一也"，似乎没有太大变化，其实它充满了变化。我们要用智慧把这个"一也"打破，把它运用到万事万物中，这才是真正的创造。很多事情不能照搬，只能借鉴，推广典型，所谓的标准化，都是不可取的。典型永远都会有局限性，不一定适用于其他地方，而标准化其实泯灭了人的个性，因为教育不只是背标准答案。我们要培养学生的个性，让学生在懂得做人做事的道理的同时，知晓天道人道变化的根本规律。读书要读出智慧来，不要读成知识的奴隶。

怎样读书呢？从根本上讲，读书就是要"得其意"，能够举一反三。《增广贤文》中有一句话"好书不厌百回读。"好的书我们读一百遍都不会厌倦。我在"好书不厌百回读"后面接了一句"精意勤求十载功"，我们求得"精意"，恐怕要花十年的工夫。现在读书或者做学问时，常常是把简单的问题复杂化，化简为繁常被看作是有学问的体现。其实，大道至简，真理平凡。例如，很多人学佛，就经常问怎么个学法，总觉得学佛好像很深奥，修行很神秘。我认为，修行就是把该做的事情做好。很多人喜欢到庙里打禅七，七天下来心里似乎安静许多。事实上，修行的真谛是平静地对待每天都要碰到的事情，做好自己的本分。每天都能做好日常的事情比去做一些玄妙的事情要难得多。

读书的次第是什么？我觉得就是《中庸》中所说的：博学、审问、慎思、明辨、笃行。

什么叫"博学"？黄侃先生讲过一句话："所谓博学者，谓明白事理多，非记事多也。"博学是因为明白很多事理，而不是记住了很多事情。明白事理是一种智慧，中国的传统文化是一种学智慧的文化，而不是单纯的学知识的文化。知识是静止的，智慧是变动的，智慧是一种发现、掌握、运用知识的能力。

审问就是要多问为什么，要不耻下问。子曰："三人行，必有我师焉。"（《论语·述而》）我们身边永远都有值得学习的人和事，不要以自己的长处去比别人的短处，那就没有学习的必要了，我们应该时刻看到自己的不足。

慎思，即认真的思考。孔子说："君子有九思：

视思明，听思聪，色思温，貌思恭，言思忠，事思敬，疑思问，忿思难，见得思义。"（《论语·季氏》）我们碰到事情就要思考，读书更要思考。慎思然后就要明辨，分辨是非、疑惑，知道哪些事情该做，哪些事情不该做等等。

笃行，即身体力行。荀子讲："知之不若行之，学至于行而止矣。"（《荀子·儒效》）明白不如做到，学到并做到，才算达到了读书的最高境界。

智、仁、勇这三种品德是每个人都应该具备的，《中庸》里讲："好学近乎知，力行近乎仁，知耻近乎勇。"老子说："知人者智，自知者明。胜人者有力，自胜者强。"人最难的就是做到"自知"，人贵有自知之明，人更贵有自胜之强，能够战胜自己的人才是强者。很多人认为，战胜别人的人才是强者，而在中国的传统文化中讲的是战胜自己的人才是强者。天下没有两片完全相同的树叶，人也一样，人的智力、体能等各方面都存在差异，充分发挥自己的能力、特长才是真正的成功。

一个社会永远是有善恶、美丑的，我们不能太理想主义。人的身体、社会现象的平衡不是简单的百分之五十和百分之五十的比例，也许有的是要这个百分之七十，那个百分之三十才是平衡，很多事情都不能一概而论。和谐、平衡不是我迁就你，你迁就我，而是你尊重我，我尊重你，保持各自的差异和特点，不需要改变我的看法来附和你，也不需要改变你的看法来附和我，这才叫和谐、平衡。

传统文化的重要部分：佛学的几个理念

因果关系

　　佛教和科学矛盾吗？我想是不矛盾的，应该是可以放在一起来讨论的。一提到佛教，很多人就会脱口而出：佛教是迷信。人们常常会把佛教里的因果业报看成是迷信的。其实，探究因果的关系恰恰是科学的方向。科学都是从我们所看到的现象出发（其实这个现象就是个结果），然后去探究这个现象形成的原因。因此，我觉得佛教讲的因果与科学探究是一致的。只不过科学主要是面对物质世界，佛学则更多地面对社会和人的精神世界。

很多时候，我们一方面把因果关系看得太直接了，另一方面又把它当成个人层面的东西。其实因果关系是很复杂的，我们不能够简单地来看待它。它有很多条件，只有具备条件了，那因才能转化成果。条件里边有主要的条件、有次要的条件、有必需的条件、有不是必需的条件等。有的立刻见效了，就转化了；有的要经历曲折，比如说清代的和珅，大家都知道他在乾隆朝是很风光的。可是当乾隆死了以后，到了嘉庆帝时，他被抄家了。我们通常讲这样一句话：善有善报，恶有恶报。不是不报，时候未到。时候一到，一切皆报。从长远的角度来讲，总有一天它会报，也可能报在自己身上，也可能报在子孙身上，也可能报在整个社会的各个方面。

我们还应看到，在因果关系中，从一个角度讲是种的善因，从另外一个角度讲可能就是种的恶因。比如说一个学生要上个什么大学，一下子上不去，你想个办法给他上了这个大学。你觉得做了一件好事吧，在他看来一时可能也觉得是件好事。可是慢慢想来他会觉得自己是靠关系进来的，这就伤害了他的自尊心。因此，从主观来讲，我们一般是以善去对待一切的，只问耕耘不问收获。可是从客观来讲，我们不能只问耕耘，也要看到我们是真正帮助还是伤害了这个学生。生活中的无心之过也是很多的，既然是无心，我想就应该得到原谅。当然，该承担的责任有时候还需要承担，但是不应该从动因上去否定一个人。

慈与悲

我们经常讲，慈是给人以快乐，悲是去除人们的痛苦，慈悲合在一起就是去苦予乐。慈悲是佛教的利他、奉献精神的体现。

对慈悲的理念要有正确理解，通过布施来做慈善，布施就不仅仅是一个钱财上的，有财布施，还有法布施。我们一切的行动都可以去做利他的事情，比如说一个人有些问题想不开你帮他去分析分析，把他的心结打开了，这也是一种慈悲精神，是语言布施。我们看到一个老人行动困难，去扶一扶老人也是一种布施，是行为布施。因此，布施的途径是很多的。有时候，你给一个人一百万不如给他一句鼓励的话，可能一句鼓励的话让他终生受用，你给他一百万的话，说不定过几天钱就花光了，还有可能会害了他。慈善的理念是要一个人能够自立。生活中经常会看到乞丐，要帮助他（她）的话，还是要帮助他（她）自立才对。如果这个乞丐无法自立，一直满足于要饭的状态，布施就不应该继续下去了。

有时去帮助一个坏人也是我们应该做的事情，至于他（她）能不能够变成好人，那是另外的事情。地藏菩萨的精神是地狱不空，誓不成佛。有坏人存在，不去度他（她），那地藏也永远成不了佛。这可比度一个善人要难得多，甚至于有可能要牺牲自己的所有，才能够感动那个坏人。佛教很重视教化，佛教通过教化是希望人们都能够向善，可以去改变一部分人。但是，不是说所有的人都能够改变。任何一个坏人，我们都不能够放弃，这是一个问题，是不是所有的坏人都能够变成好人，那又是另外一个问题，而且恐怕不可能有这样的社会，所有人都变成好人，一个坏人都没有，这两个问题不能够混为一谈。

要让一个坏人放下屠刀不是那么容易的，绝大部分的坏人是希望不放下屠刀而能成佛的。很多的贪官去烧头香，就希望他能够继续贪，还能够马上就收到福报。真正地放下是需要洗心革面的。很多人表面上放下了屠刀，也还是成不了佛的，因为他还没有悟到放下屠刀需要彻底改变观念这个根本道理。

如何护生

我们应当尊重自然规律。生物、生命、众生之间有一个相生相克的关系。其实佛教提倡的是一种"护生"的概念，而这种保护也不是刻意地去保护，而是随缘地保护。例如，路边上有一只鸟折断了翅膀，我们把它捡起来，帮助它治疗，让它能够回到森林里面去，这样做就很好。我觉得应该有一个随缘护生的理念，而不是随意地放生。

一些动物本应该在一个环境中生存，你却把它放到另外一种环境中去。它失去了原来的生命环境中的约束后，就会反常、疯狂地发展。大家也许看到过这样一个新闻报道，这几年，北京的奥林匹克公园慢慢没有蛙鸣声了，只有"牛鸣"声了。这个"牛鸣"声不是牛的叫声，而是牛蛙的叫声。由于人们放生，把大量的牛蛙放到了奥林匹克公园的湖里。这些牛蛙失去了外界的约束后繁殖得特别快，排挤了原来湖里的青蛙。

还有很多动物先被人们捕捉去，然后一些人花钱把它们买来，然后再去放，在一捕一捉的过程中有许多生命就结束了。一些人热衷于放生，其动力是什么呢？许多人认为，放生可以增加福报，这是把自我的利益放在第一位的。我也曾经呼吁过好多年了，我觉得现在仍然需要反思这个问题。

转识成智

佛教里的"空"不是一个简单的、不存在的概念，而是讲各种事物都是因缘聚会而有的。有聚就有散，事物都不是永恒的，我们对任何事物都不要太执迷了。有这样一个故事：一个人买了一双很漂亮也很贵的鞋，买了鞋他就去坐火车旅行了。在火车上，他就忍不住打开鞋盒来看这双鞋。谁知道不小心一只鞋就从车窗掉了出去。火车也开得挺快的，他也不可能下去把它找回来，就剩下另外一只鞋了，大家觉得可惜。可是他做了一件令人吃惊的事，他把另一只鞋也丢了出去。他说，把另一只鞋也丢到外面，如果一个人捡到说不定还有用，我留着一只鞋也没用。这个故事告诉我们，对任何事物都不要太执著、执迷，该放下时就得放下，该看破的就得看破。我想那个把鞋子丢出窗外的人就很豁达，就能够看破，因此他就不会有忧愁。

我觉得佛教里还有一个很重要的智慧，即超越感官识别给我们带来的迷惘，这在佛教里称之为"转识成智"。"识"是指感官的认识功能，眼、耳、鼻、舌、身、意六大感觉器官都有认识外在世界的功能，我们称之为"六识"。恰恰是这些功能、这些感官给我们带来了无穷的烦恼。为什么呢？我们一看，这个是美女，那个是丑女，就起了分别心。有分别了，就要去追求美女，要抛弃丑女。这样问题就来了，有了分别心，就有一种执著的追求，然后得到了就高兴，得不到就痛苦，种种烦恼都源于此。一切名相皆分别相，佛教让我们超越"识"、分别，消除分别心、执著心，这就是智慧。"转识成智"是佛教追寻超越解脱的根本智慧。

菩萨是否存在呢？菩萨存在。菩萨是什么呢？菩萨是觉悟了的有情众生。什么叫观音菩萨？大悲菩萨，深具悲心。什么叫弥勒佛？大慈菩萨，拥有慈心。什么叫文殊菩萨？大智菩萨，充满智慧。每位佛、菩萨都代表了一种佛法的精神。

我来提一个问题："你存在吗？"既然你存在，活菩萨也存在。为什么呢？因为你就是活菩萨。大乘佛教的根本精神是：我们不是去求佛、求菩萨，而是要去做佛、做菩萨。你按照佛的理想、理念、精神去做，你就是佛、菩萨。怎么能说活菩萨不存在呢？你如果不想做菩萨，那菩萨就没有了。如果下决心要学佛、菩萨，就要做一个佛、菩萨，那活菩萨就实实在在地存在于我们的社会生活中。

附：禅宗的智慧

　　有很多人想了解佛教，特别是想了解禅宗，但对于禅宗大家又常常觉得把持不定，因为对于禅宗的许多公案大家都不知道在说什么，也不知道禅宗怎样来修证，怎样才能了脱生死，怎样才能明心见性。其实，这些问题都来自于将禅看成是和我们现实世界不一样的、很神秘的、彼岸的一种境界。然而，禅并不是彼岸世界的东西，禅也不是一种高不可攀的境界，禅就在我们中间，禅并不是很神秘的东西，禅就是我们日常的生活、言论、行为、思想。

禅宗是非常注重现实的，或者用禅宗的话来讲叫作"当下"。我们的生命要有意义，只能够在当下体现出来，因此要活在当下。既然要活在当下，修也要修在当下，悟也要悟在当下。戒烟失败的人总想明天再不抽吧，明天抽完了，那就再等明天吧，这样永远没有当下，也就永远戒不了烟。因此，禅宗特别强调当下，人要活在当下，生命要体现在当下。

当下讲究的就非常实际了，平凡无奇。很多人想问我："该怎么学禅？"我的回答就是："你该做什么做什么。"对于那些想求某样东西的人，当下的修炼是修而无修，也是悟而无悟的。只要能体会到其中的真味，就会知道原来禅就这么简单，禅不需要离开我们的当下，因为离开了当下，实际上就什么也得不到。

慧能在《坛经》中讲道："菩提只向心觅，何劳向外求玄"；"佛法在世间，不离世间觉，离世觅菩提，恰如求兔角"。兔子哪来什么角，这句话是说，离开当下是什么都求不到的。

近代著名高僧太虚大师曾讲过，"仰止唯佛

陀"，我敬仰的是佛陀。"完成在人格"，完成就在自己的人品，"人圆佛即成"，每个人只要修养好就是佛了，"是名真现实"，这才是真正的现实。我们要体悟生命，就要从当下做起。做好本分之事实际上是为实现理想开辟了道路。很多人都喜欢遐想，但再好的理想不能从本分事做起的话，也是永远实现不了的。

在这里我告诉大家，学禅就是要从你的本分事做起。有人问学禅有没有一个次第、一个道路可循？有。就是这三句话，或叫作"禅学三要"、"修禅三次第"。

做本分事

第一句就是"做本分事"，做好你现在应做的事。河北赵县柏林寺是唐代赵州禅师的道场。做本分事就是赵州和尚在接引学人时讲的一句话。他的弟子不明白什么叫"做本分事"，他就解释道："树摇鸟散，鱼惊水浑。"树一摇动，鸟就飞散了，水里的鱼一惊动，水就浑了，这是很普通的事情。

学禅也是很普通的事情，你现在在干什么，那你就继续干什么。有人听了不解，会问："既然你已经这样了，那你要修什么呢？"但这正是佛教所讲的"无修之修"，它其实比你通过学习一种方法去修更难。因为就一般人来讲，大多是不太安于现状的，总是手里做着一件事，心里想着另一件事，而且总觉得手里做的这件事是委屈了自己，而心里想的那件事才是真正适合做的事。所以说能够做好你手里的本分事不是很简单的事，而禅正是要在此处考验你、锻炼你。

怎样才能使自己成为一个有修养的人呢？脱离你现在所做的事，要成为一个有修养的人，只能是一个空想。禅不是一个空想，它是很具体的，就在你的面前，就在你的脚下。如果能真正做到这第一步，也就有了一个很好的开始了，你也就开始认识到禅的真谛了。

禅不是要让我们离开现实世界去幻想一个境界，而是在现实生活中体认自我。经常会有人问："你有什么办法帮我消除烦恼，帮我解掉绑在我身上的种种绳索？"

很多禅宗大师在回答此类问题时，就会反问："谁绑住你了？"没有人绑住你，是你绑住自己的，我们有句话叫"自寻烦恼"。你有了分别心，讨厌现实生活的环境，讨厌背负那么多的包袱，就想跳出现实生活环境去找一个清净的地方躲起来，可是有这样一个清净的地方吗？ 没有！

看起来是跳出这个环境了，可实际上是放下这个包袱又去背上另一个包袱，逃出这个牢笼又去钻进另一个牢笼。禅宗强调当下就觉悟到你的本性、本心是没有烦恼的，只是你把烦恼加在自己身上。因此，禅宗的第一个宗旨就是"自心本来清净，原无烦恼"。要离开现实的世界去寻找一个清净的世界，本身就是一个烦恼，因为根本找不到。我们要从当下的本分事做起，这是第一步。

持平常心

第二句话是"持平常心"。这句话和"做本分事"是相通的，但是又提高了一些要求。因为虽然你做好了本分事，但你是否还能做到对你所做的事没有什么计较呢？你是否在意别人对你所做的事提出赞扬或批评，是否会因为别人说风凉话心里就不高兴，别人说了好话心里就很舒服呢？

做好本分事不等于就保持了平常心。平常心就是该做什么做什么，不动心，不起念。

禅宗公案里有这样一个故事，有人问禅师："你平时修炼不修炼？"他说："当然修炼了。"那人又问："你怎么修炼？"他说："我是饥来吃饭，困来睡觉。"那人就纳闷地说："你这也叫修炼吗？"他说："当然是修炼了。"有多少人是吃饭的时候不好好吃，百般地思虑啊，睡觉的时候不好好睡，千般地计较啊。吃饭睡觉本来很普通的事，可是很多人就是要想东想西，吃到好的 / 想到好事心里就高兴，吃到差的 / 想到坏事心里就埋怨。

对于这些事能不能不计较任何的好坏呢？用佛教的话讲就是能不能做到"八风吹不动"。哪"八风"呢？利、衰、毁、誉、讥、称、苦、乐。"利"就是顺利，"衰"就是衰落，"毁"、"讥"就是毁谤你、讥讽你，"誉"、"称"就是赞扬你、吹捧你。做任何事情，在这八种情况下都能不动心，那是需要很高的修养的。有时尽管嘴上会说"这些事我都看穿了，根本就不在乎。"可是当别人说你几句风凉话的时候，你可能心里就不太好受。别人要是吹捧你几句，你虽然表面上说"哪里哪里。"可是心里面可能在暗暗自喜。这也是人之常情，要能克服这一点，必须禅修达到相当高的境界才行。

我常常讲一个故事，宋代著名文学家苏东坡对禅学有很深的造诣，他跟佛印禅师关系很好，平时经常来往，他们一个住在江南，一个住在江北。有一次，苏东坡坐船过江去看望佛印，恰好碰到佛印不在寺庙里，他就一个人在寺庙里转悠，看到大雄宝殿里的佛像十分庄严，他就写了一首诗："稽首天中天，毫光照大千。八风吹不动，端坐紫金莲。"他写完自己觉得很得意，就交给小和尚，并说"等你师父回来，交给他看。"然后，苏东坡就走了。

佛印回来看到这首诗，就提起笔来在上面题了两个字："放屁!"就让这个小和尚给苏东坡送回去了。

苏东坡一看很纳闷，心想："我写这么好的诗，居然给我的评价就是'放屁'两个字。"苏东坡马上就坐船去找佛印禅师，要跟他辩理。见了佛印禅师，佛印就跟他说："你不是'八风吹不动'吗？我这么一屁怎么就把你打得过江来了呢？"

苏东坡的佛学修养是相当高的，对佛学的义理理解得也相当透彻，可是碰到这样具体的事，他就不能用平常心去对待了。大乘佛教讲"六度"，即从此岸世界渡到彼岸世界的六种修炼方法：布施、持戒、忍辱、精进、禅定、智慧。

我们常常将忍辱理解成忍受屈辱，比如别人打你、骂你都能忍住，或者甚至像基督教里讲的那样，别人打你左脸，你要把右脸也送上去。其实，佛教里讲的"忍辱"不只是忍受屈辱，还要能忍住人家的吹捧。"八风"里不仅有毁、讥，还有称、誉，对于别人的毁、讥，你可能忍住了，对于别人的称、誉，你能不能也不为所动呢？要保持"平常心"是相当匨难的。

成自在人

　　第三句话就是"成自在人"。所谓"自在"，就是自由自在。我们没有任何烦恼的束缚了，那不就是自由自在了吗？做"自在人"是佛教追求的最高境界，佛教里描写的佛、菩萨追求的就是一种大自在的境界。《心经》的第一句就是："观自在菩萨，行深般若波罗蜜多时，照见五蕴皆空，度一切苦厄。"

　　怎样才能成自在人呢？什么是大自在境界？禅宗里也有描写，就是"终日吃饭未曾咬着一粒米，终日行路未曾踏着一片地"。这句话一般不太好理解，而佛教通过这句话要告诉大家的是，不要被外在的相状所牵动，你虽然整天在吃饭、走路，但不会被米、路这些外境所干扰，而你也始终没有离开这个外境。

　　修禅并不是要你躲到什么深山老林里去，什么东西都见不着，好像这样就不会被外境干扰了。其实就算到了深山老林里面，要是你的心不净的话，种种妄想念头可能比你在热闹的地方更多。

禅宗讲，心净了，佛土才能净；心不净，到哪都躲不掉。在这个花花世界里，如果你能做到对境不起心、不起念、不著相，那你就自在了。

我给大家讲了上述三个步骤，即做本分事、持平常心、成自在人。有些人听了我这三句话，觉得很有意思，就问能不能再对上三句，让它成为一个对联呢？我想了想，觉得对上这三句话比较好，今天也奉献给大家：行慈悲愿、启般若慧、证菩提道。这三句话应该算是大乘佛教最根本的精神。

行慈悲愿

大乘佛教从哪里入手来教化众生呢？就是从慈悲入手。慈悲就是与乐拔苦，对众生要行慈悲，而对你来讲，这也是一个修证的过程。慈悲就是你的本分事。

启般若慧

第二句话"启般若慧","启"就是开启,而"般若"本身就是智慧的意思,那么为什么不直接把它翻译成智慧呢？因为它跟一般的智慧不是一个层次的东西,我们平时讲的智慧就是指一个人很聪明,或者这个人对事物能够分辨得很清楚。人类的认识就是从分辨开始的,我们讲一个东西是方的,这是相对于圆的、三角形的来说的,可是正是这种思维方式让我们产生了分别心、执著心。

在佛教看来,最基本的分别就是我和他人的分别,即"我执",一切的烦恼归根结底都来源于"我执",将我和他人对立起来就会产生种种烦恼。要怎样才能破除这种分别与执著呢？那就是要用一种般若的智慧。

所谓般若的智慧就是要消除这种分别,它是一种平等的智慧,用《金刚经》里的话讲,就是"是法平等,无有高下"。(《金刚经·净心行善分第二十三》)所谓平等、无分别,就是认识到一切事物是本来清净的，本来皆空的。

为什么说一切事物本来皆空呢？因为现象世界的事物都是因缘而生，没有独立的自性，因缘聚会，才有生命体。所谓生命体都是由"五蕴"聚合而成的，即色、受、想、行、识。所以佛教讲"因缘所生法，我说即是空"。没有独立的自性被称作"无我"，因缘一旦散了，事物也就不存在了。

现象世界的事物是没有恒常性的，是刹那生灭的，这被称作"无常"。一切生命体都有生、老、病、死的过程，一切非生命体也有成、住、异、灭的过程，因此，佛教才讲"诸行无常，诸法无我"。

般若的智慧要我们看到"诸行无常，诸法无我"，"一切有为法，如梦幻泡影，如露亦如电，应作如是观。"（《金刚经·应化非真分第三十二》）认识到这一点你就不会产生种种颠倒妄想，也不会再执著。只有这样，你才会拥有平常心，不会去计较得失。佛教就是要用般若的智慧去消除分别心、执著心，以及由此产生的贪、嗔、痴"三毒"。

贪就是贪得无厌，嗔就是恼怒，痴就是不明事理。人们的一切烦恼就来源于这"三毒"。也许有人会问佛教讲消除"执著心"、破除"我执"，这与追求人生的目标有没有矛盾呢？我想这是两个问题，一个人怎么可能没有追求呢？佛教并不是不让你有人生目标，而是要你找到适合自己的人生目标。

人最难的就是认识自我，把自己放在一个恰当的位置。如果你没有把自己放在一个恰当的位置上，追求这个追求那个，那很可能就会出问题。可是一旦你把自己放在恰当的位置上，在这个位置上做到最好，就能真正回归自我，获得自由，这并不是执著。我们不要把两种执著混淆了，做事情要有一种执著心，这是佛教所倡导的"精进"，它不同于那个要破除的"我执"。

证菩提道

第三句话是"证菩提道"。据《法华经》，佛是为了一个大因缘来到这个世间的，这个因缘就是开佛知见、示佛知见、悟佛知见、入佛知见。

佛知见就是般若的智慧。那么佛教追求的是什么呢？佛教追求的就是"证菩提道"。菩提就是觉悟。般若的智慧就是让你悟到自己的本来面貌。禅宗常问，父母未生你前，什么是你的本来面貌？那就是什么都没有啊。佛教强调，觉悟人生，认识到自我，而不被现象世界的我牵着鼻子走。如果回归到真正的自我，那你就是自由的，现在人最痛苦的事情就是自我的沦丧。

之所以会有烦恼，觉得不自由，是因为你还没有认识到必然。如果你认识到必然，那么你就有自由了。自由是对必然的认识和把握。我们现实生活中的法律、规则都是一种必然性的体现，是不能随便违背的，违背了就要受到惩罚。你认识到必然性，按照必然性去做的话，那么无论到哪里都是自由的。

为什么孔子讲到了七十岁就可以"从心所欲，不逾矩"？因为七十年的人生经历让他能够充分了解人生的规则。当然也不一定要到七十岁，这要看个人的悟性。我在七十多岁时，还是达不到"从心所欲，不逾矩"，有些人不到七十岁就能觉悟。

前些日子，我看了一个电视节目。这个节目采访的是大连一个叫"爱心之家"的社会机构，它是专门收养那些父母都是囚犯的"孤儿"的，其中就有一个十二岁的小女孩，她父母都在坐牢，她只能在外面流浪捡破烂。在流浪的过程中，遭受到种种歧视、侮辱、打骂。但是，她说，她在受到别人打骂的时候从来不还手、还口。主持人就问她："为什么不还手、还口呢？"她答道："要是我去还口，他还在骂我，这不就吵起来了么，那就等于我自己换了个嘴在骂我自己。要是我还手，他就会变本加厉地打，那就等于我自己换了一个手在打我自己。"

我们看到，这个女孩小小年纪就能悟到这一点，有这样一份平常心，我觉得她的悟性就比我高。总的来说，我们要有一种觉悟，这样才能回归自由自在的我。

活在当下

至此，我就讲完"做本分事、持平常心、成自在人"、"行慈悲愿、启般若慧、证菩提道",有人就会问：是不是还有个横批？ 横批就是四个字："活在当下"。

佛教并不是脱离世间生活的，恰恰相反，它是要求从当下做起的。大乘佛教兴起后，它对小乘佛教最大的批评就是"欣上厌下"。

"欣上厌下"中的"上"就是菩提、涅槃，"下"就是生死、烦恼。小乘佛教把"上"看得很重，拼命地追求，把"上"、"下"看成是对立的，但其实二者并不矛盾。佛教并不宣扬命定论，命运完全是由自己决定的，造这样的业就会受这样的报，天堂地狱只是一念之差。如果你觉得好像生活在地狱里一样，你完全可以改变自己的心念，心念一转，人生也会改变。

因果理论是两方面的，它并不是要你消极等待，命运掌握在自己手中，完全可以改变命运，这叫作"命由己定"。因此，佛教强调的是当下每个人要靠觉悟来解决自己的生死、烦恼问题。

传统文化的实践者：国医

上个世纪三十年代，"国学"这个概念就存在了，使用"国学"一词是为了区分洋学、西学。我们的武术称为"国术"；我们的绘画称为"国画"；我们的历史称为"国史"，钱穆先生有本书就叫《国史大纲》；我们的文字叫"国文"；我们的语言叫"国语"。当然，如何定义国学也存在分歧，有的偏重于文化，有的偏重于学术思想，有的偏重于了解传统文化的基础学科。著名的国学大家章太炎先生就强调国学就要以小学为主。他所说的小学里包括最基础的课程，除了文字、音韵、训诂，还包括目录、版本、校勘。大体来讲，国学就是指本国的学问，宽泛一点没有关系。

我非常赞同使用"国医"这个概念。我曾多次提出，如果有可能要把"中医"改回"国医"，因为国医的界定很明确，就是区别于非国医的医学。而中医这门具有深刻内涵的传统的学问渐被淡化、被解构了。如果我们能够把"中医"内涵阐发出来，才能够真正了解国医的价值。

中医的第一个含义：即上、中、下的"中"。历史上就有这种说法，"上医治国，中医治人，下医治病"。从这个意义上来讲中医是治人的，而不是治国、治病的。中医把人看作一个整体，而不是仅仅看病的，如果仅仅看病、治病是下医。同时，把握了医道的精髓可以去治病、治人，也可以去治国。中医的含义与今天大不相同，如今学了医就只能去看病。宋代政治家、文学家范仲淹曾说过："不为良相，便为良医。"（《能改斋漫录·记事》）良相是治国的，良医是治人的，但治国、治人、治病的道理是相通的。所以宋代大文豪苏东坡说："物一理也，通其意则无适而不可。分科而医，医之衰也。"（《东坡题跋·跋君谟飞白》）只要把握道的根本精神，运用到什么地方都是可以的。中医的第一个含义，即中医治人。

中医的第二个含义是什么呢？《汉书·艺文志》中有一句话："有病不治，常得中医。"有病不治，才能得到中医。据《黄帝内经》记载，"圣人不治已病治未病"。有病不治，就是说不治已病。因此，中医不是治已病的，是治未病的。治未病，也就是让每个人都能够保持身心的健康。历史上曾流传这样一个故事：魏文王问扁鹊："你们兄弟三人，都精于医术，到底哪一位最好呢？"扁鹊答："我大哥医术最好，二哥次之，我最差。"文王再问："那么为什么你最出名呢？"扁鹊答道："我大哥治病，是治未病的，所以他的名气无法传出去，只有我们家的人才知道。我二哥治将病的，大家以为他只能治小病，所以他的名气只能在乡里流传。而我是治已病的，我治好了很多病危的人，大家自然以为我的医术高明，因此只有我名声大振。"所以中医是"不治已病治未病"的，不要等到有病了再去治，最好还是不要生病。

中医的第三个含义是什么呢？清代学者钱大昭在注释《汉书·艺文志》时说："时下吴人尚曰：'不服药为中医。'"他是说，到今天为止，吴地的人仍以不服药为中医。"中医不是以服药为主的理念可能在清代相当盛行。曾国藩的儿子身体比较虚弱，在家书里他告诉儿子："治心病以'广大'二字为药。治身病要以'不药'二字为药。"俗话说，"是药三分毒"，能不用药就不用，再好的医生也可能在用药过程中产生偏差，这会导致病情加重甚至死亡，良医十个人里面能够治好八个人就不错，庸医十个人里面有八九个会让他给治死。因此，用药要慎重，能不服药就不用，这是清代的理念。

　　现在流行的自然疗法流派有七项原则，其中一个原则，即能不动手术的尽量不动，能不吃药的尽量不吃，要调动人体自身的修复能力。其实，在中医里早就有这样的理念了。但凡事都不能绝对化，需要用药时还是要用药，但不能依赖药物，药只是起辅助作用的。这是传统中医的第三个含义。

　　最重要的是中医的第四个含义，即中医讲究中正平和，这跟中国文化的生命观是一致的。生命是怎么来的呢？不是造物主或神创造出来的，生命是天地之气达到和谐状态而产生的。因此，每个生命都是天地之和气而生的，这也是每一个事物的真性。

生命因和而生，那么怎样维持生命力呢？也是要靠和。国医用"中"的概念来调整人体各种的不平衡、不中正、不平和。生命因中正和平而产生、延续是中医最核心的价值观、思维方式。怎样来保持身体健康呢？《黄帝内经》一书几乎已经告诉我们全部的答案了："上古之人，其知道者，法于阴阳，和于术数，食饮有节，起居有常，不妄作劳……"（《黄帝内经·素问·上古天真论》）我们不要违背春生夏长、秋收冬藏的自然规律，要顺应自然。有一个电视节目要人们挑战极限，抱着一个大冰块，头上还浇着冰水，挑战这样的极限有意义吗？个别人有可能会做到，但是也一定伤害了身体，绝大部分人是不可能做到的。"和于术数"，即要选择保养身心的好方法，要有正确的理念去指导养生。

在《抱朴子》中有一句话："非长生难也，闻道难也。非闻道难也，行之难也。非行之难也，终之难也。"其大意是讲，不是说养生很难，要懂得养生的道理很难。不是说听到养生的道理很难，而是正确地实践很难。要按照道理去做一做也不难，难的是能够坚持到底。葛洪这几句话值得我们思考，术数里很重要的一点就是不能胡乱养生。

人是精神生命和肉体生命相结合的生命体，其中精神生命起引导作用，肉体生命是听精神生命指挥的。饮食无节制会生病，药才有三分毒，过饱九分毒。中国的传统文化强调养生必先养心，或者说要心术正。"心之在体，君之位也。九窍之有职，官之分也。"（《管子·心术》）心居主导地位。中国传统观念中，"心为思之官"，心也管思想。心为一身之三，心管官。官，即各种感官——眼、耳、鼻、舌、身。心管官，官管物，是正常的心术。可是，在实际生活中，常常是官让物管住了，心让官管住了，这样心术就不正了。要理顺两者关系，才能让人不沦为物欲的奴隶。人肉体上、精神上的疾病，很多是由于管不住自己，禁不住外物的引诱而产生的。

一提到神仙，我们就会想到神仙可以长生不死。怎样才能成为神仙呢？道家曾讲过各种各样修身、养身的办法，但我觉得《汉书·艺文志》对神仙的界定是最深刻的。《汉书》中养身、治病的方法可分成为四大部分：第一部分是医经，整体上说明治病的道理；第二部分是经方，讲怎样保持身体健康；第三部分是神仙，即怎样修炼成神仙；第四部分讲房中术。据《汉书·艺文志》卷三十："神仙者，所以保性命之真，而游求于其外者也。"身体要健康就要保住真气，人来到世界以后，真性就丢失了，如何保持性命之真呢？《汉书·艺文志》讲了三点，第一点是"聊以荡意平心"。我们的心思经常是混乱的，心意不平会引起疾病。荡意平心，即扫除种种胡思乱想。第二点是"同死生之域"。我们要认识到整个宇宙的规律，即有死必有生，我们要认识、看透它，不要贪生怕死。《吕氏春秋》一书讲"勿以贵生而害生"，保养也要遵循"自然之道"。欧阳修给《无仙子删正黄庭经》一书写了个序，开头讲："自古有道无仙，而后世之人知有道而不得其道，不知无仙而妄学仙，此我之所哀也。"意思是说天下哪有不死的仙呢？有生必有死，这就是养生之道、自然之道，"道者，自然之道也，生而必死，亦自然之理也"。他提出"以自然之道养自然之生。"他批评了那些老想着长生不死的道家，炼丹、服丹等都是为了抗拒自然之道。第三点是"无怵惕于胸中"。怵惕就是紧张、害怕，神经太紧张，整天提心吊胆对身体有害。我们一方面要坦坦荡荡，做正人君子；另一方面欲望要少，做个无私无欲的人。如果做到这三点就是神仙了。神仙不是服丹药求得的，而是调整精神状态，保持身心的平和。

国医和国学是一体的，国医是技术层面的内容，但技术层面离不开整个理论的指导。《汉书·艺文志·方技略》最后对方技这个概念有个总结："方技者，皆生生之具。"值得注意的是，这里已经提出了"生生"的概念。所谓"生生"，即维持生命的方法。有生生之具，也有生生之理，二者结合在一起成为"生生"之学，生生之学是中国传统文化核心内容之一。

中国传统文化的基点在哪里？我觉得中国传

统文化的基点是建立在珍重自然的基础之上的。自然，即事物的本然状态。中国人的思维方式是从直观直觉入手的，中国文化注重思维方式的本然状态。现在我们去中医院看病，再也看不到传统的诊疗理念了。中医院跟西医院一样，也以仪器的检测为主，很少有望闻问切了。

我一直认为，中医是传统文化的具体实践者，通过实践来看我们的思想，就会更生动了。中国传统文化重视直观直觉，我们不能用西方的理念来理解中医，也不能以为只有用西方的理念来理解中医才是正确的，用中国传统的思维方法来构建中医就是不科学的。很多人说，中医不科学，中医就是靠想象，并没有以生理解剖学作为基础。其实，中医也有解剖学，只是做的不是生理解剖学，而是内观解剖学。生理解剖学是在尸体上做的，当一个生命变成了尸体，其所有内在的联系都中断了，看到的都是个别分离的脏器；而中医强调生命体的五脏六腑之间的联系。

内观解剖学可不是人人都能做的，一个心境很浮躁的人，不可能感观到自己体内的活动，也不可能静下心来去引导体内气血的流转。古人通过用直观直觉的方法，把人体内的关系整理、描述出来，古人在活体上认识到的规律是不是比在尸体上得出的结论更科学呢？我觉得这一点值得思考。

如果我们不能够认识到望闻问切是一套系统的理论体系，中医的根本精神就没有了，甚至可以说中医就没有灵魂了。

在博鳌论坛上，习主席发表演讲时引用中国古代思想家孟子的话"夫物之不齐，物之情也"，并指出，不同文明没有优劣之分，只有特色之别。《庄子》里有一句话："自其异者视之，肝胆楚越也。自其同者视之，万物皆一也。"诊病、治病也一定要因人、因地、因时而异，这就是中国人认识世界的方式。中国传统文化是把同异结合得很好的文化。我曾经讲过，中国文化强调自然合理，西方的近代文化则强调科学合理。所谓科学合理就是强调普遍性、规范化；而自然合理则重视差异性。

在技术层面，中国传统文化中最有希望成为世界第一的就是我们的中医。但是由于中医主体性的丢失，结果就成为了西方医学的附庸。现在西方医学也发生了很大的变化，我们却总跟在西方医学的后面并没有多大变化。在西方医学界，越来越谨慎地使用抗生素，而我们却还在大量使用抗生素。在这方面，我们要有自信心，要相信每一个生命都有强大的自我修复能力。当然，抗生素作为辅助治疗也是可以的，但是当我们慢慢开始依赖它时，人就失去了自我修复的能力。

中国的传统的医学理念是西医一个很好的补充，中西医是可以相互补充的。我们要继承国医的传统，坚守国医的传统理念。

传统文化视野下的人和自然

怎样来解决日益严重的生态问题呢？其实，当前的生态问题源于人类中心主义。人无所不能，人定胜天，征服自然的思想本身是人类异化的产物，人的异化也是西方上个世纪反思的核心问题。在征服自然的过程中，人的自我膨胀，任意地向自然攫取，不尊重天地万物。结果人不但没有取得真正的独立，反而是被物质、财富牵着鼻子走，失去了自我。

把人和天地浑然一体的状态变成了人与天地相对立，把天地作为外在的研究、开发的对象，在中国经历了一个过程。很难讲这个转变是从什么时候开始的。我们曾引进了许多西方哲学的理论，例如，欧洲理性主义、马克思主义等，当然也引进了当时一些著名的哲学家笛卡尔、洛克、培根、马克思等人的思想学说。

马克思主义研究的自然并不是存在于人类之外，与人类实践无关的自然，而是经过人类实践改造了的自然、具有社会历史性的自然。马克思认为自然界是人的"无机身体"，人要依靠自然界而生活。人为了生存和发展而必须与自然界持续不断地进行物质交换。很多人将其误读为：人类的根本任务是征服、改造自然。

在上个世纪初期，中国的学术界就开始从中国哲学里寻找改造自然的资料。但是，在中国哲学里面没有"改造自然"的提法，于是人们开始研究历史上国人对天人关系的认识。学者们找到的天人关系资料大都是讲"天人合一"的，当时把"天人合一"、"畏天命"、"奉天"理解为天是绝对不可侵犯的，人在天面前无能为力，只能去适应天。

郭沫若最早提出，荀子"明天人之分"的思想

"包含了近代科学精神"，是中国科学思想的萌芽。荀子说：

> 故明于天人之分，则可谓至人矣。不为而成，不求而得，夫是之谓天职。如是者，虽深，其人不加虑焉；虽大，不加能焉；虽精，不加察焉，夫是之谓不与天争职。天有其时，地有其财，人有其治，夫是之谓能参。舍其所以参而愿其所参，则惑矣。列星随旋，日月递照，四时代御，阴阳大化，风雨博施，万物各得其和以生，各得其养以成，不见其事而见其功，夫是之谓神。皆知其所以成，莫知其无形，夫是之谓天〔功〕。唯圣人为不求知天。(《荀子·天论》)

按照荀子的观点，天、地、人各有其道，能够分清天与人的职责的人是圣人。郭沫若则认为，"明天人之分"，即人不能做天的奴隶；戡天思想，即控制自然界使之为人类服务，是《荀子·天论》的特色。这显然改变了《荀子》的原意。把荀子的思想提升到"人定胜天"的高度，这样征服、改造自然就有了理论根据。

中国传统文化中有很多的思想值得借鉴。道家认为，一方面人不要把自己看得很伟大，另一方面也不要把自己看得很渺小，人既伟大又渺小。人确实有伟大的一面，但人又很渺小，人不能主宰万物，天无为，人也要学着无为。老子说："人法地，地法天，天法道，道法自然。"

上个世纪，西方一些思想家提出要重建人文主义，人既不能成为神的奴隶，也不能异化为物的奴隶。人类破坏自然，源于人的贪婪，无止境地向自然索取，破坏了人类的生存环境。人是不是一定要向自然无休止地索取？无数的事实告诉我们，破坏了生态环境之后再去治理，所需成本比破坏它的收益还要多，也无法再完全恢复原貌。因此，在开发自然资源之前，一定要考虑清楚，而且考虑环境问题时，需要抑制人的欲望。

在现实生活中，许多人可持续发展的观念淡薄，推崇以消费来推动经济发展。提倡可持续发展是富有人文精神的观念。这一观念不仅让现代人可以发展，不把资源都消耗尽，而且子孙后代也可以持续发展。《老子》六十七章曰："我有三宝，持而保之。一曰慈，二曰俭，三曰不敢为天下先。"

生态平衡是建立在生态伦理的基础上，生态伦理的核心是要相互尊重，要建立起人与自然相互尊重的观念，不去随意破坏、改造自然。同时，食品安全问题也值得关注，我们不能光吃人造的东西，还是多吃一些自然的东西好。现在，人们吃的食物越来越不自然了，也越来越享受不到人生的快乐。这里讲的"自然"是老子讲的"道法自然"，我们要把自然人文的精神和现代科技更好的结合，不是用现代科技去淹没自然人文。

人们现在越来越关注技术发展的两面性，技术的发展给我们的物质生活带来便利的同时，也造成了生态环境的破坏。数据化让人越来越失去主动性，人在征服物质世界的同时，也丧失了自我，随着技术的发展，有些人成了机器、信息的奴隶。对人类来讲，真的需要那么多的资讯、数据吗？它们带来的是快乐，还是痛苦呢？

如果社会鼓励人们追逐更多的财富，其结果就是人人都去争夺财富，这也就是孟子讲的"上下交征利"。据《孟子》记载，梁惠王见到孟子，问他能带来什么利，孟子就回答："王何必曰利？亦有仁义而已矣。"（《孟子·梁惠王上》）上讲利，下也讲利，社会就不得安宁。欲壑难填，过分地追求利益会走向反面。《史记》里也有一段话："欲而不知足，失其所以欲；有而不知止，失其所以有。"（《史记·范雎蔡泽列传》）一个人欲望无穷不知足，到后来会失去原有的一切。人类要思考一下，有没有必要向自然、社会攫取那么多的财富呢？

下编

提升中国的软实力

在传统基础上接受现代化

　　西方文化可以大致分为两大派别：保守主义和自由主义。自由主义的核心思想是国家的文化要以维护个人自由为目的。自由主义者认为，文化可以不断改变，传统的东西可以选择也可以不选择，人在文化选择上有很高的自由度；保守主义强调维护传统的意义，重视精英人物的作用，以及宗教和道德在维系社会中的重要性。保守主义者认为，文化的选择具有很大的局限性，传统是我们与过去的连接物，传统文化的力量非常强大。

　　日本的马克思主义哲学家永田广志写过一本

《日本哲学史》。在书的导言里，他讲，传统和现代的关系是这样的：传统既不可能原封不动搬到现代，也不可能完全把它断绝。想要抛弃传统，它却总是和现代有着千丝万缕的联系，可是想要把传统原封不动地搬到现代，却永远不可能做到，它总是要被改变的。

亨廷顿是一个文化保守主义者，他认为文化传承的力量非常强大，不是想轻易改变就可以改变得了。亨廷顿也研究传统文化问题，认为文化的传统不能随便地抛弃和否定。要改变文化的类型要具备几个条件：第一，这个地区的领导者要下决心彻底割断历史；第二，精英分子要认同；第三，社会的大众能够跟着走；第四，你想走向的文化认同你。让所有的精英分子都认同很难，你想走向的文化认同你会更难。领导的决心有可能，大部分的民众也会随从，可是第二、四条很难做到。

亨廷顿在讲文明的冲突时分析了土耳其的状况，文明的传统对一个民族来说根深蒂固，要改变它是很难的。在亨廷顿看来，最好的办法就是不要割断传统，而是在传统的基础上向前发展。

从上个世纪二十年代，土耳其的当政者制定了全盘西化的方针，当时土耳其的大部分精英基本认同了这一方针，民众也跟着走了，但是土耳其始终没有被西方文化的母体认同，西方世界始终把土耳其文化看成是阿拉伯文化、伊斯兰文化。梁启超在第一次世界大战后到了土耳其，当时他就预言土耳其会出问题。

亨廷顿称土耳其为"无所适从的、身份被撕裂的国家"。他忠告人们不要轻易地放弃自己的传统，他认为："现代化是一个多方面的进程，它涉及人类思想和活动的所有领域的变化。"现代化有几个方向：一、完全放弃传统；二、完全不放弃传统；三、在传统的基础上去接受现代化。他赞同第三条。完全放弃传统，西方世界不认同你也没用；完全坚守也不可能，在世界潮流中要完全坚守传统是不可能的；最好的办法就是在自己传统基础上接受外来的文化，现代化是沟通传统与现代的桥梁。

有主体才能有借鉴

一百多年来，一些人彻底否定、割断了传统，传统文化学者的整体趋势是全盘西化，以西方的理论、思维方式来重新诠释中国的传统文化，这使优秀的传统文化面目全非。不能否认，随着时代的发展，总是要不断地吸收新的营养，借鉴新的思维方式。但是，这必须要在坚固的文化基础上去吸收、借鉴。现在，国人对西方文化有一些模糊肤浅的认识，并没有深入地了解其本质，却把自己优秀的文化传统也搞丢了，或对文化传统的认识存在曲解、误读。前几天，我跟一个在欧洲呆了几十年的华人谈话，他觉得国人不尊重他人。国人多从政治上来理解人权，而他重视的是日常生活中的权利，就是人与人之间相互尊重的问题。他回国看到一些人总是在抢、挤，只看到自己，根本不管别人。人权是一个相互尊重的问题，我尊重你的权利，你也尊重我的权利，人权平等是在生活的方方面面中体现出来的。

关于自由，我们常常理解为：我想怎么样就怎么样，就是自由。我想怎么样你不让我怎么样，这就不是自由。可在成熟的西方社会里，不妨碍别人的自由才能获得真正的自由。如果你的行为影响了别人，你就没有自由了。我们丢掉了自己的文化传统，学西方的思想又只学了名词概念，我们要民主、人权，可是却没搞懂什么是真正的民主、人权。你想这么做，可这只代表你自己，如果你这么做会损害别人，那对你的干涉并不是侵犯你的人权，恰恰是保护了大众的人权。

尴尬的是，我们割裂了自己的文化传统，而西方人没有抛弃他们的文化传统，他们很容易通过对比看到自己文化中缺少的东西。中国近代一批学者有相当深厚的传统文化功底，他们去看世界时非常敏锐，能够分辨西方哪些东西是我们需要的，哪些是我们要抛弃的。一个国家要有文化主体性，才能去吸收其他文化的精华。如果自己脚跟都没有站稳就去吸收别人的东西，就会不知所措。

现在确实存在身份认同的问题，身份的认同归根结底是文化的认同。文化是一个国家、民族的精神和灵魂。不要盲目地跟着别人学，还要看我们自己的传统，要看我们怎样从传统发展到现代社会，让传统能够跟当今世界交流、对话，而不是完全放弃自己的文化，跟别人合而为一。

我们要有文化主体意识，不管是在科技进步，还是教育发展中，我们都要很好地检讨、反思，首先要立足于自己的历史和文化传统，然后再决定我们应该如何发展，而不是别人怎么说，我们就跟着走。文化主体意识的缺失会使一个国家的灵魂游荡不定，哪里强就往哪里去，哪里吸引力大就去哪里。失去了文化主体意识，分辨能力就差了，随声附和的东西也就多了，现代人也因此产生了很多习惯性的思维。现在很多问题都出现在观念上，错误的观念导致各种外在的制度和措施的偏差。遗憾的是我们的教育也缺少文化主体意识，经过二十几年的学校教育以后，很多人还是不认同中国的传统文化。

谈劣根性

现在，一些学者在批三俗。有人说，这是受到美国《新闻周刊》所评的"中国最肮脏的人"的影响后才提出来的。一些学者认为，对大众文化不必大惊小怪，另一些学者认为，批庸俗文化的人最庸俗，只有庸俗的人才会去批判庸俗文化，更批不好。

在任何民族的文化中，都有不同的劣根性。我们常说，中华民族勤劳、朴实、勇敢，但也有人会讲，中华民族是一盘散沙，各人自扫门前雪，休管他人瓦上霜。其实，在任何民族的文化中都有各种因素，从这个角度讲，其具有劣根性，从那个角度讲，其具有优秀品德。光明和丑恶一定是并存的，我们不能说一个社会只有光明，没有丑恶。正因为这样，才会有先知先觉者、贤哲、精英们，要在社会上起榜样和带头的作用。我们不能因为别人指出一些问题，就抛弃优秀的传统文化。洗澡水脏了，把洗澡水泼掉，如果连小孩也一起泼掉就没必要了。我们要发掘传统文化中优秀的、正面的国民性去克服其负面、不足之处。从道理上讲是这样的，但实践上总是有正反两方面国民性存在。历史文化是交互作用的，冯友兰先生曾经说过，历史上提倡仁义的社会正说明社会上非仁义、反仁义的事情太多了，所以才要极力提倡仁义。

我们要积极倡导弘扬祖先留下来的优秀传统文化，也需要社会精英以身作则，身体力行去实践，给社会树立榜样。中国文化强调"自天子以至庶人，壹是皆以修身为本"，修身是一个自觉的过程。荀子曾经讲过，天下万物中有气而无生的，比如水、火是有气而无生的；草、木有生有气而无情；动物有生有气有情但无义，没有仁义道德，动物也有很多情感，但是不能分辨各种关系，而人有气有生有情且有义，这是人跟动物的根本区别。人能分辨各种关系，懂得各种行为规范。"义者，宜也"，人走的路要合适，应该按规范做。孟子说："夫义，路也；礼，门也。惟君子能由是路，出入是门也。"（《孟子·万章下》）如果人不懂得规矩，就跟动物一样了。要成为一个真正的人，修身是第一步。人要懂得节制，知道哪些该做，哪些不该做，哪些场合该这样做，哪些场合不该这样做，这些都要分辨清楚。《礼记》上讲："夫礼者，所以定亲疏，决嫌疑，别同异，明是非也。……道德仁义，非礼不成；教训正俗，非礼不备。"

我们既要看到存在某些劣根性，但也要看到历史上的圣贤们为克服劣根性所做的不懈努力。我们应树立好的价值观，培养优秀的品德。不要因为有劣根性，就放弃努力，而是要更加努力地去克服它。我们一方面要汲取优良的传统，另一方面要吸收时代的精华，把现代和传统相结合，把中西优秀的文化相结合，创造一种新文化。

在现代社会，不仅个人要弘扬优秀传统，而

且还要运用法律的力量来监督。不仅要暴露劣根性，还要从正面捉出建设性的意见。在消除传统劣根性的同时，还要提升思想道德。

这些年，一直都在讨论道德滑坡的问题，这个问题非常复杂，有各种影响因素，其中最重要的因素是教育。家庭教育、学校教育和社会教育三方面缺一不可，需要密切配合。不能家庭教育是这样，学校教育是那样，社会教育又是另一样，那我们的子孙们就无所适从了。如今我们的家庭教育非常落后，很多父母放弃了家庭教育，父母不是缺乏耐心、爱心，就是过分溺爱孩子。学校教育是把智力的培养、知识的教育放在第一位，缺乏培养人格的教育。在这样的教育体制下，培养出很多智商高而人格低的学生。当然，这个问题在全世界的教育界都普遍存在，学校里重视知识技能的教育，缺乏人文素质的教育。相对来讲，西方的传统是学校负责知识教育，教堂负责道德教育。如果中国的大学完全跟西方看齐，我们的大学就会全部变成知识教育第一了，而中国的传统恰恰是将知识传播和素质培养结合在一起的。知识和素质教育学校都要负责，甚至把人文素质的养成、人格的完善放在第一位，也就是德育第一。在新中国成立后很长时间，我们都是强调德育第一，提倡德、智、体全面发展，但也不能否认，在很长一段时间我们把政治教育、政治立场当作德育的唯一内容。德育教育的重点是如何做人，首先要做一个真正的人，进一步要做君子，成为圣贤、精英，起带头作用，推动社会向前发展。

现在的教育状况往往是，家庭教育缺失，学校教育单一化，社会教育混乱。电视上的儿童频道现在都是二十四小时播放。半夜十一二点钟还可以看到儿童节目。这虽是小问题，但能看到整个社会的导向、教育的理念有问题。

看到有人揭露中国人的劣根性，就应该觉得自己肩上的担子更重了。越是有人揭露，就越需要我们努力挖掘传统文化中可以克服劣根性的资源，从而增强我们的民族自信心。传统文化的智慧可以抵制住劣根性，不要因为有劣根性就觉得我们的传统文化一无是处。任何一个民族都会有劣根性，我们对西方的历史文化了解不多，只知道西方比我们进步的那一段历史，没有看到西方也有比我们落后、黑暗的历史。举西方的例子也不是为了揭露什么，只是说明人类历史就是这样走过来的，到了近代，西方在某些方面比我们进步、完善了，但并不说明其在历史上就比我们进步、完善。另外，在西方文化中是不是还存在某些不足的东西呢？是不是可以来弥补西方文化的不足呢？这是一个值得思考的问题。

某些劣根性真的存在吗？也许"劣根性"在历史上还起到一定的调节作用。鲁迅先生认为，中国国民劣根性源于道教，他曾讲过"中国根柢全在道教"，所谓"中国根柢"，是指国人"吃人"、麻木、奴性的本质。阿Q的精神胜利法、自我陶醉确实不好。在中国传统文化中，佛教讲忍辱，儒家讲忍耐。我们要宠辱不惊，要耐得住寂寞，许多事情只有忍了才能坚持做下去。《老子》一书强调的是以退为进，退是为了进，而且一定是有力量地进。老子说："将欲取之，必固与之。"因此，《老子》在历史上被一些人视为给统治者提供的"君王南面之术"。《庄子》中的畸形人都是社会弱势群体，但他们"内保之而不外荡"，外形奇丑但内心却完善。

鲁迅笔下的阿 Q 也是弱势群体，他只能靠自我消解、自我陶醉才能生存下去。但是，"阿 Q 精神"每个人都需要那么一点儿，许多事情不要去计较、认真，忍一忍也就过去了。如果把弱势群体的"阿 Q 精神"的途径都堵死了，那很多人就无路可走了。

现在的问题是很多人看不开就走了绝路。其实，许多时候是需要等待时机的，时来才能运转。在遇到挫折时，我们要学会忍耐、等待，可以适当自我安慰一下。我觉得"阿 Q 精神"不应该一概否定，要看怎么运用它。有时它也是随机的变通，也不见得是坏事。人往往是多面的，因此，在别人眼中人也是各异的，这是正常的。不管是劣根性，还是优秀品德，都需要做辩证的分析。

等价交换不能成为价值观的原则

我最近很关注人文精神的建设问题，这也不仅仅是我们国家才有的，全世界都存在这个问题。近两三百年，人类在现代化进程中，整个世界的科技和人文两大文化体系一直处于失衡状态，科技占主导，人文却总是追赶不上科技。科技可以直接用到生产，是硬实力，而人文作为软实力，也在潜移默化地影响着人们的思想。

近一百年来，一些所谓的落后国家为了能够不断发展壮大、提升经济实力，更多地关注科技文化，而人文文化被抛得更远。中国如果不调整这种失衡状况，就会出现很大的问题，科技文化在造就了物质发展的同时，也在以经济发展规律来构建整个社会。现在最大的问题是用经济学上的等价交换原则作为价值观的核心，这是由于科技、人文的比例失衡引起的。中国传统的人文思想是以人为本，不是以等价交换原则作为价值观的核心，也不追求付出和收获相等。人文的价值观应该是付出大于收获，甚至是完全地付出，而社会经济的发展一定是建立在等价交换的原则上。

我曾经写过一篇文章来讨论等价交换中义和利的问题。在中国这些问题可分为三个层次：在理论上，是理和欲的关系问题；在实践上，是义与利的判别问题；在修养上，是役物还是役于物的问题。荀子说"君子役物，小人役于物"（《荀子·修身》），他认为，修养高的人轻视富贵权利。

近些年来，我们在道德伦理上甚至出现了一种倾向，给我多少的权利，我就尽多少责任和义务，追求责任、义务跟权利完全等价。其实，权利义务不是简单的等价关系。责任、义务是个体的行为，权利是社会赋予的。从道德实践上看，我们应遵循董仲舒提出的原则——"正其谊不谋其利，明其道不计其功"（《汉书·董仲舒传》）。我们做任何事情都应为了匡扶正义而不是为了谋取个人利益。个体在道德实践上只管正谊明道，而不是谋利计功，社会需要给这些正谊明道的人相应的功利，但个人不是为了功利而去正谊明道的。如果社会对正谊明道的人置之不理，给歪门邪道的人以奖励，社会就失去了公正。如果社会不奖励正谊明道的人，只能说明社会是不公正的，但个体还是要无怨无悔地去正谊明道，这才是人文精神的体现。可悲的是我们把经济学上的等价交换原则看作价值观的核心，绝大部分人都想着有相应的回报才去尽相应的义务。

社会最根本的要求就是个人尽伦尽职，在什么位置上就要把这个位置上的工作做好，并得到一份相应的回报。但是，更高的人文要求是自觉把事情做得更好，产生精神上的愉悦，心甘情愿地去做事，这是人文的价值追求。与物质上的回报相比，更重要的是得到精神上的回报。要让更多的人了解人文的价值追求，而不是以经济学上的等价交换原则来衡量一切。以等价交换原则作为价值观的核心是科技文化发展的结果，也是人文价值失落的表现。

没有自觉自律，民主会变味

近代西方民主有两个思想源头，一个是古希腊罗马思想中的资源，一个是东方尤其是中国的人本思想对西方的影响。西方的民主从诞生到现在，经历了许多变化。一开始西方人把民主、理性都看得比较绝对，随着社会的发展，对民主就有了许多限制，对绝对理性也提出了质疑。人们开始反思：在理性的支配下会不会做出非理性的事情呢？中国学界缺乏对这方面内容的介绍。

二十世纪，西方社会对其民主、科学和理性，甚至于对整个西方文化都提出了质疑。在达尔文的进化论问世以后，自然选择和物竞天择的理论被斯宾塞等学者应用到社会领域，社会达尔文主义者认为种族同样需要优胜劣汰。鸦片战争之后，"物竞天择，适者生存"的思想也曾在中国社会引起强烈反响。希特勒是社会达尔文主义者，他认为雅利安人是优等人种，必须要消灭犹太人等劣等民族的谬论都源于社会达尔文主义。"优胜劣汰"的原则至今仍变相地支配着整个世界，许多先进的国家打着用先进文化改造落后地区的幌子，到处去干涉别国内政。

社会达尔文主义产生时，欧洲就有与其相对的思想——社会互助论。西方社会各种思潮相互影响、牵制，给人们提供多维度的思考空间，社会达尔文主义逐渐走向衰落。

很多中国年轻人对西方民主的进程了解极少。有些人的思想还基本停留在西方早期民主阶段，认为民主就是绝对的自由。其实，"民主恰恰最不自由"，只有真正理解这句话才能获得真正的、完全的自由。如果不能理解这句话，那想象中的民主永远无法实现，也会带来无穷的痛苦。

自由是建立在不妨碍别人自由基础上的，而不是想怎么样就怎么样。既然不能妨碍别人的自由，所受的牵制则无穷无尽，要时刻考虑是否妨碍了他人。我们说话时就要考虑到这句话是不是侵犯了他人的名誉；做事时也要考虑这件事是不是妨碍到他人。只有把握到自由的本质，说话、做事都考虑周全了，才会一帆风顺。

有些西方人认为，当今中国人对西方民主的理解实在是太肤浅了。我也曾讲过，西方社会结合了西方传统和中国人本主义思想创造了现在的民主、自由、平等的思想。我们当然也可以去吸收西方文化里的优秀资源来发展具有中国特色的自由、民主、平等，既然中国传统文化里有这些元素，为什么一定要和西方的自由、民主、平等完全一样呢？我们可不可以有自己的自由、民主、平等的模式，或者有东方式的自由、民主、平等的模式呢？我想只要用心去做应该是可以的，当然我这个说法会有很多人反对。反对者会说，有现成的西方自由、民主、平等的模式摆在这里，为什么还要自己去创造呢？

为什么要自己创造自己的民主模式呢？我想，国人在中国传统文化的思想土壤上传承下来的文明有其自身特点。中国简单地搬用西方的模式会水土不服。如果我们有自己的特点，那么就可以创造一个适应本土文化传统的民主、自由、平等制度。

　　中国的传统文化基因是根深蒂固的，不是想抛掉就能抛掉的。中西方文化存在巨大差异，中国人对鬼神的实用主义绝对不能与对上帝的绝对服从相容。

　　中国人有优良的人文传统，强调发挥人的主动性、能动性。但我们也要看到中国人也有缺点。尽管孔子反复讲："君子有三畏，畏天命、畏大人、畏圣人之言。"但是很多人就是不畏。在现实生活中，中国人确实缺乏神圣感和敬畏心。

　　对外部事物缺乏敬畏之心没有关系，可以对自己敬畏一些，但对自己敬畏更难。因此，中国人做到"慎独"就是最高的标准了。"慎独"就是要自我监督，勿自欺，国人常讲，头上三尺有神灵，否则，就会不断地自欺了。明代有个人对古董商有一段评论，古董商一生只做了三件事，永远是先自欺，再欺人，最后被人欺。我们千万不要做一个自欺的人，自欺再欺人，那最后必然被人欺。

要想不被人欺，首先不要欺人。不欺人，首先要做到勿自欺，这也就是中国传统文化里强调的敬畏之心。现在许多人把这些神圣戒律打倒在地，彻底地抛弃掉，圣人反复强调的箴言就更加没有神圣感了。

为什么现在会出现道德滑坡？我想最根本的原因就是缺乏勿自欺的精神。有些人欺人还觉得心安理得，好像欺人没关系。要欺人首先就要自欺，诚信缺乏就源于此。当今社会应该重新守护国人道德自律的神圣感，每个人在道德上的自觉自律是神圣的。如果彻底否定这一点，道德的重建就很难了。因为国人没有西方人的上帝监督观念，不需要上帝的末日审判，自己再不监督自己，上帝又不审判你，道德的滑坡就很正常了。

从某个角度来讲，中国的民主也是建立在个人自觉自律基础之上的，没有自觉自律，民主也会变味。不能否认西方有很多政治家无自觉自律观念，玩弄选民，借助民主自由达到个人目的。如果国人能够接受现代的民主概念，又能把中国传统的自觉自律的观念结合起来，中国的民主可能会比西方的民主更完善一些，这当然也只是我的理想而已。

我们应该立足于本土文化，运用我们优秀的传统资源，在信息如此发达的时代，创造出更适合当今中国的民主。

养老社会化
是社会进步的表现吗?

　　随着时代的变迁，有很多具体的事情发生了变化，比如过云讲"父母在，不远游"，现在很难做到了。能在父母身边当然很好，如果做不到，现在通讯很发达，人不在父母跟前，心可以在他们身边，经常联络还是很容易的。个人的发展跟孝道不冲突，立业跟成家也不矛盾，可以先成家后立业，也可以先立业后成家。玄学家也探讨过这个问题，有些人认为孝是强加给人的东西，玄学家认为父母子女之间有自然的血缘关系，家庭关系是天伦。"自然亲爱为孝"，"养不教，父之过"，养儿防老也很常见。孝是自然而然的，人类也是这样一代代延续的。你对父母孝敬，你的子女对你也会孝敬。如果你对父母不孝，你的子女对你也会不孝。

倡导孝是社会伦理的需要，当然这也是中国文化背景下对人的要求，如果在西方就可以不讲孝敬父母，而是对上帝忠诚。按照西方的生命观，人类是上帝的子女，不孝顺父母，忠诚于上帝在西方是可以的。当前我们要倡导什么样的理念呢？是不是也要像西方那样人老了就去养老院呢？最近就有社会调查显示，中国的养老方式正在向美国的养老方式靠近。老年人住养老院，鳏寡孤独是没有问题的，他们需要养老院来收留。但是，有子女的老人是不是一定要去养老院呢？现在确实有些老人即使有子女也愿意去养老院，因为老人在家里根本得不到照顾，更谈不上孝敬他们了。这说明我们的社会伦理变化后出现了一些问题，是要倡导子女孝敬赡养父母，还是全部交给社会呢？现在国家已经开展了一些工作，一些农村已经开始给老人发养老金了。

很多人认为，养老社会化是社会进步的表现。我对此表示怀疑，鳏寡孤独养起来，生活有保障是社会的进步，这是大同世界的理想。但是，有子女的老人为什么不让子女去尽赡养父母的责任呢？赡养父母是一种美德，应该鼓励。当然，也不排除存在一些特殊情况，但总的来讲还是要区别对待。条件好的可以养得起父母，条件不好的养不起父母还有民政部门的补贴，这也是一个补救的办法。中国传统文化强调社会关系从亲亲开始，家庭是社会的细胞，细胞如果出问题了，身体当然会乱。家和万事兴，家和了整个社会都会兴旺，家庭的道德伦理建设是社会的一项基本建设。西方社会现在也在回归传统家庭，人们不再认同上个世纪六十年代追求性解放那种家庭瓦解的状态了，而我们现在似乎正在步西方的后尘，离婚率居高不下。

如果我们能很好地发扬孝的思想是很有社会意义的。《礼记》里讲："孝有三：大孝尊亲，其次弗辱，其下能养。"大孝是让父母得到社会的尊重。"其次弗辱"是说，下一等的孝是不要让父母受到社会的羞辱。"其下能养"，即现在我们所提倡的孝，即赡养父母。过去我们总批评光宗耀祖，其实光宗耀祖有什么不好？尊亲就是让父母得到社会的尊重，传统文化其实是认同光宗耀祖的。一个生命来到这个世界，是与父母祖先有关的。如果你能对社会做出贡献，让社会对你的父母和祖先都尊敬有加，这才是真正的大孝。现在是要求最低层次的孝——"能养"，还没要求做到另外两个层次的孝。一些人连最低层次的孝都做不到，更不用说另外两个层次的孝了。从社会来看，你光宗耀祖了，个人的价值才能真正体现出来。个人的价值要得到体现，必须要对他人、社会做出贡献，得到他人、社会的认可。得不到社会的认可，你的个人价值怎么能体现出来呢？不要把体现个人的价值和对家庭、社会做贡献对立起来，只有在做出贡献的过程中才能体现出个人价值，你对家庭、社会做出的贡献越多，你的价值也就越大。

对传统文化的态度：择善明用

　　对于中国的传统文化，我们不要花太多的精力去区分哪些是精华哪些是糟粕，历史上的"精华"现在也不一定是"精华"，历史上的"糟粕"现在也不见得就一定是"糟粕"，精华和糟粕也是可以转化的，怎样去运用传统文化才是根本的问题。我们要看传统文化在今天的社会能发生什么作用，如果它发生了积极的作用，就可以说它是"精华"。即使从历史上看某个阶段它是"糟粕"，我们也可以把它转化成"精华"。如果我们不善于运用"精华"，社会影响不好，那么历史上再好的"精华"在当下看来也是"糟粕"。

精华与糟粕发生作用要看以下两个条件：一是它适不适应这个时代；二是把它撷取过来的人怎么去运用它。有句话说得好，"善用者无弃材"，在善于运用的人手里没有无用的木材，从坚硬的木头到腐朽的木头，在巧匠手里都会变成精美的艺术品，传统文化也像一块块木头、石头一样，关键要看人们怎样去雕琢、运用它。我非常推崇荀子的一句话："循其旧法，择其善者而明用之。""明用"可以说是发扬光大的意思，也就是创造性地转化。没有创造性地转化，历史上再好的东西也有可能会变成糟粕，好的东西会被糟蹋。任何事物都不是孤立存在的，那个时候怎么样，现在如何，都是需要把古今结合起来看。有些古代的传统是要拿到现在打磨的，是要进行创造性地转化的，有些情况，我们要还原历史，不能用现在的眼光去分析。怎样评价秦始皇？每个朝代的评价都不尽相同，究竟哪个评价是对的呢？哪个评价都有些道理又都不全面。我们要弄清当今社会缺什么，需要什么，再看看历史上哪些是可以用的，拿过来试试看，不好也没关系，再重新来找，哪有现成的呢？哪有不许失败的呢？但是对于优秀的传统文化我们要维护它的神圣性，对历史上形成的一些文化标志要保留其神圣性，不能随意改变。

如今在历史研究中有个比较大的问题，就是要推倒任何带有神圣性的文化标志，这导致我们丧失了价值判断和参考的标准。我们可以在某些场合下对这些标志性的东西作出评价，但是如果把它都推倒了，那历史就变得虚无了。我们现在不需要，可以淡化它；我们现在仍然需要它，可以强化它。在现代和传统之间其实界限也不甚分明，需要把握分寸，这就是传统文化带给我们的思考。有很多误读不是传统带给我们的，而是现代人扭曲、破坏了传统造成的。由于个人的角度和立场不同，对传统文化的看法也存在分歧。

把优秀的传统文化拿到今天来实践，也不是完全照搬，而是要进行创造性地转化。现在也有很多人在尝试把传统转化成现代。要允许有失败，成功就坚持下去，失败就改过，要有这样的宽容精神才能进行创造性地转化。

中国的民族主义抬头了吗？

狭隘的民族主义或民粹主义常会导致文化冲突。狭隘的民族主义或民粹主义与尊重、继承、弘扬传统不是同一个概念。民粹主义的根本特点是排斥、抵制、拒绝接受其他文化中可以被吸收的东西。我们现在提倡要继承、弘扬优秀的传统文化，不是走狭隘的民族主义或民粹主义的道路。为保持所谓的民粹，在委内瑞拉、俄罗斯等国都曾出现过民粹主义。我们也讲国粹，国粹是我国历史文化中的精粹，而不是盲目的排外。

现在需不需要担忧民族主义呢？我们需要担

忧这种思想倾向，但就现在的情况来看，担忧有些为时过早了。大家并不是只要自己的文化排斥其他国家的文化，而是我们对自己的传统文化太缺乏了解、尊重和自信。我们还没有开始重新认识和评价传统文化，还没有认同、尊重自己的传统，就要防止出现这样那样的问题，担心会不会抵制外来文化，我觉得这种担忧是没有必要的。而且，这会给阻碍我们认识传统的人和事提供借口，使大家不敢大胆地认同自己的传统。

当下我们需要热情大胆地认同自己的传统文化，建立一种自觉的文化主体意识，这才是迫切需要做的。所谓自觉的文化主体意识，就是对传统的认同、尊重，对自己的传统文化有自信，我们才有可能平等地跟其他的文化比较、交流，才能比较清楚地看到自己文化的不足和其他文化的长处，反之亦然。

跟近代的先贤们相比，我们有两大缺陷：一是先天不足；二是后天失调。先天不足是指我们没有深厚的传统根基，先贤们是在传统文化的氛围中成长起来的，而我们现在缺乏传统的根基，对传统文化的认识先天不足。后天失调是指我们在接受西方文化的过程中，看到的都是西方表面的现象，而很难把握和体会其深层次的、本质的东西。我们有时会不自觉地贬低自己的文化传统，很多人都缺乏文化主体意识。如果我们对西方文化有深刻的了解，能够把握其深层次的东西，吸收、借鉴西方文化当然是没有问题的。许多西方学者对西方文化非常了解，又看到西方文化在当今世界所面临的种种问题，再对照东方文化，就可以发现东方文化中可以弥补或者纠正西方文化的资源。同样地，如果我们有深厚的中国传统文化的根基，也可以看到西方文化中哪些方面能够真正弥补我们的不足。

在我们对自己的传统文化了解得还不够深的时候，就要防止出现所谓的狭隘的民族主义或民粹主义，是没有必要的。这个问题也不是现在才提出来的，至少二十年前，美国之音就到处在讲中国的民族主义抬头了。可是现在看来还差得很远，如果真的出现了一点儿民族主义还是好事情。二十年过去了，我们的民族自尊心、自信心还没有真正地树立起来。学者们有这方面的担心是正常的，但要根据实际情况调整。如果民族主义真的出现了，那是要防止它泛滥的，但现在所谓的民族主义根本没出现，过分的担心也是没有必要的。国人中真正了解传统文化的人还很少，可能在学界还可以谈到一些传统文化。前一阵子，李泽厚先生提出，中国需要认同自己的文化传统，因此他写了《论语今读》。他认为，了解中国的传统经典，要从《论语》入手。

文化总要在交流中才能向前发展，中国的历史也说明了这一点，百家相互交流，文化才会发展，世界文化也是如此，拒绝交流肯定是错的，那就是民族主义了，可是要很好地交流，必须要有文化主体意识。没有主体意识，丧失了自我，怎么去跟别人交流呢？跟在别人的后面走，是没有前途的。平时我们也经常讲要学会独立思考，要能够正确分析别人的观点，才会有一个均衡的吸收能力。文化交流中，缺乏主体意识是相当严重的问题。

中国传统文化研究
要做到四通八达

多年前，我曾提出中国传统文化研究要做到四通，即中西东、儒释道、古今现、文史哲这四方面都要打通，做到四通才能八达。这是件难事，现在学生干扰太多，能够静下心读书就不容易了。我想传统文化的种子播下去以后，只要条件适合，早晚都会有收获的。只要这个种子在，传统文化就可以延续。

人文学科如果再越分越细，将会走上绝路。现在做官的做不了医生，做医生的做不了官，人们认为这是两个截然不同的学问。但是，中国古代反复地讲，"不为良相，便为良医"，不懂得治身的人怎么能懂得治国呢？不懂得治国的人怎么能懂得治身呢？可现代人接受不了这个观念，许多人对治身、治国的道理都不太清楚，觉得这两者无法沟通，其实两者是相通的。身体的不适，国家混乱，都是失调导致的。只要观念解决了，方法、手段好办，观念不解决，再找合适的方法、手段也是徒劳的。

一些人认为哲学没用，但它是无用之大用，起指导的作用。中国的文化有两个层面，一个是"道"的层面，一个是"艺"的层面。艺是具体可操作的，包括文艺、武艺、技艺；道是不可操作的，但它有指导性，指明方向并给人以力量，道和艺要结合起来。下学要上达，下学日用，上达天理。有的人只注重技艺的训练，而不去探求理论的指导，或者只注重道，而忽略了艺。现在大量行为规范和仪轨丢矢的原因就在于此。有的人认为只要心里有了就行，不需要外在的表达形式，殊不知外在的形式才能反映你的内心。连形式都没有，别人怎么知道你怎么想的呢？心里所想不表达出来，别人怎么会知道呢？很多知识分子对传统文化一无所知，这是很严重的问题。

传统与现代、科学与人文需要兼顾。中国的文化是多元并存、相互平衡的文化。中国的文化发展过程中存在很多不平衡的现象，中西文化发展不平衡，许多人对西方文化比较了解，但对中国文化知之甚少。科技文化与人文文化发展不平衡，人们注重科技文化，忽视人文文化。经济发展与文化发展之间失衡，许多时候把文化也当作经济来发展，那也是一种病态。我们应该让传统与现代、科学与人文恢复平衡。

中国文化如何走出去

　　中国与其他国家进行文化交流不一定只靠孔子学院，其实交流的途径还有很多，交流的内容也很丰富。说到"软"实力，软在我们理不直气不壮，我们总是去迎合别国的口味。传播中国的文化，就应该以我国文化为主。每年都有交流团出国，但许多人的指导思想是要迎合别国，而别国却恰恰不需要迎合。来中国交流的外国人是来看我们有什么特别的东西，可以借鉴学习。有一些外国人看不起中国人，认为中国许多东西都是模仿、抄袭，没有自己独创、独立性的东西，也有一些外国人对我们的传统文化很感兴趣。但是，我们对自己的传统文化却存在模糊、片面的理解，有的人甚至根本看不起自己的传统文化。一个研究科学史的学者就曾说过："中医阴阳五行的那套说法，打死我也不会认同的。"我们给外国人讲阴阳五行，有的一下子就接受了；给中国人讲，国人反而听不懂。我们还有什么地道的中国文化走出去了呢？有人说我们的国乐走出国门了，但现在中国的乐律其实绝大部分都变成了西洋的乐律了，我们其实没有把真正体现中国文化精神的东西传到国外。

经济全球化后，信息交流更方便快捷了，古代流行的东西可能要过几十年、几百年才能传播到另一个地方，现在只需要几秒钟全世界就都传遍了。文化会不会趋同呢？现实生活中，的确有很多人为追求时髦，把自己传统文化都抛弃掉了。有些学者主张文化要寻根，不能把根丢掉。我很赞同这个观点，跟世界接轨不是消除自己的特点，而是要让现代人认识、接受我们的传统文化，但是也不一定要普遍接受。我们存在很多思想误区，例如，有的东西一被评定为非物质文化遗产，就想尽办法要把它变成全民文化。我觉得越是这种文化就越是小众的，把小众的文化变成大众的，无形之中这种文化就被搞没了。正因为它是小众文化，所以我们才要保护它。我觉得非物质文化遗产不绝如缕就可以了，把传统文化的种子一代一代传承下去，而不是一下子把它变成大众都热热闹闹搞的东西。不求轰轰烈烈，但求不绝如缕，这是我对非物质文化遗产的基本看法，这样它才能保留今人要借鉴的东西。

在对外文化交流方面，除了艺术之外，还有中医，中医在世界上的影响力是很大的，国外从事中医事业的人比国内的要多，其中很多人是从国内出去的，也有外国当地的。中医现在在世界上除了中药没有被完全认同外，中医的针灸、推拿、按摩、心理治疗都被普遍接受，而且越来越被看好。有一个自然医学派，其理论都出自中医，它七条总的原则跟中医是一样的，比如说在条件允许的情况下，能不用药尽量不用药；治病要找原因，不能只找它表现的症状；医生不应该只是开药的，而是指导人们正确地生活的老师。有一次，我在中医会上提出，重要的不是强调中医的"技"，而是强调它的"道"，要传播中医文化，而不是只偏重中医治疗。

中国其实有很强的文化软实力，但在文化传播的时候只是从"艺"和"术"的层次出发，没有从"道"的文化层次去全面考虑。中医文化里面也不要只是宣传怎样治病，而是要让人不得病，中医文化的核心是养生文化。中国文化里的儒、佛、道、医、武都有养生文化，中医的养生文化应该是融会贯通这五家文化的产物。"夫使天下畏刑而不敢盗，岂若能使无有盗心哉？"（《淮南子·精神训》）当然是没有盗心好，就不用去防备、惩罚了。得了病去治好，还是不得病好呢？当然是不得病好，所以圣人不治已病治未病。

结语　中国知识分子的天下情怀

中国文人的志向有各种不同的表达形式，例如，张载的四句教"为天地立心，为生民立命，为往圣继绝学，为万世开太平"，不就是文人的志向吗？范仲淹的"先天下之忧而忧，后天下之乐而乐"，也是文人的一种志向。

《大学》提出了三纲八目，强调了修己的目的是为了治国平天下。要求知识分子不要孤立，不要墨守陈规，要跟大众打成一片，要弃旧图新、去恶从善。"明明德、亲民、止于至善"这三个纲领是人应该达到的目标。"明明德"就是把美好的、光明的、能够照耀天下的品德发扬出来，"亲民"也可以解释为新民或近民，不管哪种解释，都是文人的一种志向。知识分子不是孤立的，不是不变的，是在永远前进的，是要跟大众打成一片的。然后是要达到"至善"，这是人生最高的理想追求。

《大学》还说："古之欲明明德于天下者，先治其国。欲治其国者，先齐其家。欲齐其家者，先修其身。欲修其身者，先正其心。欲正其心者，先诚其意。欲诚其意者，先致其知。致知在格物。"格物、致知、诚意、正心、修身、齐家、治国、平天下，这"八条目"是实现"三纲领"的具体步骤。"八条目"的中心环节是修身。其中格物、致知、诚意、正心、修身是内圣的功夫，齐家、治国、平天下是外王的功夫。 中国知识分子不能仅仅提升自己的修养，对外体现在哪里呢？就体现在"齐家、治国、平天下"上，把家齐好，把国治好，把天下平了，这才说明文人的修养有用。"八条目"是一个内圣外王的功夫，目的是达到前面的"三纲领"，这也可以说是文人的一种志向。

中国文人常有的一种忧患意识，总是看到社会方方面面和人类本性中恶劣的方面、不完美之处，希望通过自己的努力去改造社会，这也是中国知识分子的一种天下情怀。

附

录

中国文化中的儒、释、道

中国文化源远流长，博大精深。在其长期的历史发展过程中，不仅产生了众多的本土学派，也不断有外来文化的传入，这些不同的学派和文化，在矛盾冲突中相互吸收和融合，其中有的丰富了、发展了、壮大了，有的则被吸收了、改造了、消失了。大约从东晋开始至隋唐时期，中国文化逐渐确立了以儒家为主体，儒、释、道三家既各自独标旗帜，同时又合力互补以应用于社会的基本格局。中国文化的这一基本格局，一直延续到了十九世纪末，乃至二十世纪初，历时一千六百年左右。可以说，中国传统文化是儒、释、道三家鼎足而立、互融互补的文化。但是由于儒家长期被封建统治者尊奉为正统这一事实，一部分学者常常只强调以儒家作为中国文化的代表，而忽视或轻视佛道二家在中国传统文化中的巨大作用。这种观点过分偏重于中国文化中的政治制度和宗法伦理层面，并把其他层面的文化现象也都纳入到政治和伦理的框架中去考察和理解。这就把丰富多彩、生气勃勃的中国文化描绘成单调枯燥、死气沉沉的模样了，显然是不够全面的。因此，无论从哪一个角度来考察中国文化，撇开佛道二家是无法理解中国文化的多彩样式和丰富内容的，更是无法全面深刻把握中国文化的真正精神的。

需要说明的是，这里所说的儒、释、道，主要不是指原始形态意义上的儒、释、道，而是指随着历史的前进，不断融摄了其他学派思想，并具有鲜明时代特征的、发展了的儒、释、道。因此，我们要比较准确和深入把握中国文化，就必须了解儒、释、道三家各自发展的脉络，以及三家之间的纠葛——矛盾斗争与调和融合。本文即想就此问题作一简要的介绍和评述，以供有兴趣研究或希望了解中国文化的人们参考。

一、在我国历史上，西周以前，学在官府。东周以后，学术逐步走向民间。春秋后期已出现颇有社会影响的儒家、墨家等不同学派，而至战国中期则出现了诸子百家争鸣的局面，学派纷呈，学说丰富多彩，为中国文化的发展奠定了宽广的基础。司马迁在《史记》中引述了其父司马谈对学术流派的见解，他把先秦以来的学派总归纳为六家，即：阴阳、儒、墨、名、法、道德。司马谈引用《系辞》"天下同归而殊途，一致而百虑"的说法，认为这六家的学说都是为了安邦治国。他们各有所见，也各有所偏。而由于当时社会上崇尚黄老之学，司马谈也标榜以道家学说统摄各家。他认为，道家"因阴阳之大顺，采儒墨之善，撮名法之要"，所以能"与时迁移，应物变化，立俗施事，无所不宜"。总之，道家是"指约而易操，事少而功多"（《史记·太史公自序》）。然而，班固在《汉书》中则把先秦以来的学派归纳为十家，即：儒、道、阴阳、法、名、墨、纵横、杂、农、小说。但接着他又说，十家中"可观者九家而已"（即除去小说家），而各家则都是"各引一端，崇其所善"。他同样也引用了上述《系辞》的话，不仅认为各家学说都有其所长和所短，而且还强调说："其言虽殊，辟犹水火，相灭亦相生也"，"相反而皆相成也"。由于当时社会已以儒学为上，所以班固也竭力推崇儒家，认为儒学"于道最为高"（《汉书·艺文志》）。

这二位杰出的史学家、文学家、思想家，一位论六家，以道家为统；一位明九家，以儒家为高。他们观点的不同，如前所说，反映了不同时代的学术风尚和他们个人不同的学术师承背景。而他们之所以分别揭橥出道家和儒家为诸子百家的统摄者，如果从学术发展的内在规律分析，正是反映了在诸子百家众多的学派中，儒、道二家思想是最为丰富的。不仅如此，儒、道二家还具有极大的包容性和自我发展、不断更新的内在机制，所以逐渐成了诸子百家众多学派的代表者。

事实上，自战国中期以后，学术界就呈现出纷纭复杂的情况。一方面，各学派内部的大分化；另一方面，与此同时也出现了各学派之间相互渗透、彼此融合的发展趋势。中国文化就是在这诸子百家的学派分合之中不断地发展、丰富起来的。

两汉是儒、道二家广泛吸收诸子百家，充分发展、丰富自己，并确立自己作为中国文化代表学派地位的时期。

汉初统治者为医治秦末苛政和战乱造成的社会民生极度凋敝的状况，采用了简政约法、无为而治、与民休息的政策以恢复社会的生机。与此相应，在文化思想上则大力提倡道家黄老之学。此时的道家黄老之学，处于社会文化思想的代表和指导地位，因此必须处理好道家与其他学派的关系问题。社会对思想文化的需要是多样的、丰富的，而不是单一的，然而诚如许多中国思想家所说的，这种多样性又需要"统之有宗，会之有元"（《周易略例·明彖》），即需要有一个为主的指导者。不过，这种"统"和"会"绝不是以一种样式去排斥或替代其他的样式。因为，如果把其他样式都排斥掉了，只剩下了自己一种样式，那也就不存在什么"统"和"会"的问题了。汉初道家黄老之学，正如司马谈所描述的，广采了阴阳、儒、墨、名、法各家之长，正是这种容纳、吸收和融合的精神，使得道家学说不仅成为当时社会的指导思想，同时也成为整个中国文化精神的集中代表者之一。

儒家之所以能成为中国文化的主要代表者，也有着与道家的相同经历。汉初儒家受荀子学说影响很大，如"六经"之学中的易、诗、礼、乐等学，都有荀学的传承，而荀子礼法兼用的思想也普遍为汉儒所接受。西汉大儒董仲舒建议武帝"诸不在六艺（六经）之科，孔子之术者，皆绝其道，勿使并进"，为以后武帝"罢黜百家，独尊儒术"之所本。然而，从董仲舒本身的思想来说，也早已不是单纯的原始儒学了。他不仅大力倡导礼法、德刑并用的理论，而且大量吸收墨家的"兼爱"、"尚同"理论，乃至墨家某些带有宗教色彩的思想。而更为突出的是，在他专攻的春秋公羊学中，充满了阴阳家的阴阳五行学说，使阴阳五行思想成为儒家学说中的一个有机组成部分。班固说"董仲舒治公羊春秋，始推阴阳，为儒者宗"（《汉书·五行志上》），就明确地指出了这一点。由此可见，经由董仲舒发展而建立起来的汉代儒学，如同汉初的道家黄老之学一样，也是广采了阴阳、墨、名、法、道各家之长的。同样也正是这种容纳、吸收和融会的精神，使儒家学说不仅成为当时社会的指导思想，同时也成为整个中国文化精神的集中代表者之一。

二、道家思想的核心是无为，主张顺自然、因物性；而儒家思想的核心是有为，强调制名（礼）教、规范人性。这两种类型思想的不同和对立是显而易见的，而两者在历史上相互补充、相互吸收共同构成中国文化的基本格局、中华民族的主要精神，同样也是显而易见的。诚如班固所说："其言虽殊，辟犹水火，相灭亦相生也"，"相反而皆相成也"。同时必须说明的是，儒、道两家的核心思想也不是绝对不可调和或相互融摄的。

人们经常把道家的无为理解为一种消极逃避，什么都不去做。其实，这很不全面，也不准确。应当指出，在道家内部存在着消极无为和积极无为两种不同的学说，他们对于无为思想精神的理解是很不相同的。道家的庄子学派总的说来比较偏向于消极的无为，他们追求一种"堕肢体，黜聪明"的"坐忘"（《庄子·大宗师》）和"形如槁木"、"心如死灰"的"吾丧我"（《庄子·齐物论》）的自我陶醉的精神境界。而道家的老子学派所说的无为就不完全是消极的了。老子所谓的无为，主要是"辅万物之自然而不敢为"（《老子》六十四章）。他强调的是"生而不有，为而不恃，长而不宰"（《老子》五十一章），和"不自见"、"不自是"、"不自伐"、"不自矜"（《老子》二十二章），即不自作聪明、不自以为是、不自居功劳、不自我夸耀。所以，老子的无为并不是什么也不为，而是主张为而不恃，是要以退为进、以曲求全、以柔胜刚。荀子在批评庄、老二家学说时，一则说"庄子蔽于天而不知人"（《荀子·解蔽》），一则说"老子有见于诎（曲），无见于信（伸）"（《荀子·天论》），对于两者思想精神的不同之处，抓得相当准确，点得十分明白。

　　韩非在吸收老子无为思想时，强调的只是君道的无为，而臣道是应当有为的。韩非认为，君主的任务主要是把握原则、任用百官，如果事必躬亲，不仅忙不过来，也做不好，而更严重的是，它将极大地妨碍和打击百官的工作积极性和主动性。所以，君道的无为可以更好地发挥臣下的积极性和主动性。

汉初黄老之学所强调的无为而治，又进一步表彰臣道的无为。汉初的主要政治经济政策是与民休息，强调尽可能少地去扰民，充分调动和发挥百姓们的积极性和主动性，以利社会秩序的稳定和经济的复苏。汉初黄老之学同时表彰臣道无为，正是出于这样的背景。今存《淮南子》一书中，保存了不少汉初黄老的学说，其中论及无为思想处，有许多积极的方面。如其说："无为者，非谓其凝滞而不动也，以言其莫从己出也。"（《淮南子·主术训》）总而言之，"所谓无为者，不先物为也；所谓无不为者，因物之所为也。所谓无治者，不易自然也；所谓无不治者，因物之相然也"（《淮南子·原道训》）。这里所讲的无为，都具有相当积极的含义，是很值得我们注意的。

由此可见，道家的无为思想并不是与有为截然不相容的，而从其积极精神方面讲，道家的无为是为了达到更好的有为，乃至于无不为。

同样，儒家的有为思想也不是截然排斥无为

的。儒家主要经典《论语》，也记载有孔子称颂天道自然无为的言论，如说："天何言哉？四时行焉，百物生焉，天何言哉！"（《论语·阳货》）同时，他也赞扬效法天道无为的尧舜，如说："大哉，尧之为君也！巍巍乎，唯天为大，唯尧则之。荡荡乎，民无能名焉。巍巍乎，其有成功也。焕乎，其有文章。"（《论语·泰伯》）又说："无为而治者，其舜也与！夫何为哉？恭己正南面而已矣！"（《论语·卫灵公》）儒家对于自然界的法则也是极为尊重的，强调人类在生产活动中一定要按自然界的法则去行动。如荀子说："养长时则六畜育，杀生时则草不殖。""草木荣华滋硕之时，则斧斤不入山林，不夭其生，不绝其长也。鼋鼍鱼鳖鳅鳝孕别之时，网罟毒药不入泽，不夭其生，不绝其长也。春耕、夏耘、秋收、冬藏，四者不失时，故五谷不绝，而百姓有余食也。污池渊沼川泽，谨其时禁，故鱼鳖优多，而百姓有余用也。斩伐养长不失其时，故山林不童，而百姓有余材也。"（《荀子·王制》）这些防止人类有为活动的随意干预，积极尊重自然法则的无为思想，是儒、道两家一致认同的。

三、力图把儒、道两家思想融通为一，而且获得相当成功的，是魏晋时代的玄学。中国传统文化是一种具有强烈现实性和实践性性格的文化，中国传统哲学所讨论的理论问题，主要是那些与现实实际生活密切相关的实践原则。即使被人们称之为"清谈"、"玄远"的玄学，也不例外。人们所熟知的，玄学讨论的有无、本末、一多、动静等抽象理论问题，其实无一不与解决名教与自然的关系这一现实的社会、人生问题有关。

所谓名教与自然的关系问题，也就是社会规范与人的本性的关系问题。众所周知，任何一个人都是生活在一定的社会经济、政治、人际等关系之中的，要受到社会职业、地位、法律、道德等的制约。因此，人都是社会的人。但同时，每一个人又都是有其各自的性格、独立的精神世界和意志追求的，因此，人又都是个体的人。人的这种两重性，构成了现实生活中社会和个人之间复杂的矛盾关系。探讨个人与社会的矛盾关系，是中外古今思想家、哲学家最为关心的问题之一。而在中国传统哲学中则尤为关注，可说是它的一个中心议题，有着极为丰富的理论。我们在上面提到过，儒家强调制名（礼）教以规范人性，道家则主张顺自然而因物性。所以，名教与自然分别是儒、道两家的理论主题和争议焦点之所在。

儒家认为，社会的人重于个体的人，个人服从社会是天经地义的事，因而着重强调个人对于社会的责任和义务。所谓名教者，即是用伦理规范和法律制度规定每一个人在社会上的名分地位，以及与其名分地位相应的责任和义务。然后，以此去要求和检验社会每一个成员的行为，进而达到协调人际关系，安定社会秩序的目的。所以，当子路问孔子说："卫君待子而为政，子将奚先？"孔子毫不犹豫地回答："必也正名乎！"（《论语·子路》）把重新确定社会成员的名分问题，作为"为政"的第一大事。而孔子在回答齐景公问政时所说的"君君、臣臣、父父、子子"（《论语·颜渊》），则正是"正名"的具体内容和期望达到的社会效果。儒家名教理论产生于封建时代，是为维护封建统治秩序服务的。在近代反封建的革命中受到激烈的抨击是完全理所应当的，毫不奇怪的。不过我们说，把社会的某一个（或某一部分）成员定死在某一固定的名分地位上，不许其变动，这是不合理的，也是在实际上做不到的。我国古代思想家早就认识到了"社稷无常奉，君臣无常位，自古以然"（《左传》昭公三十二年）这样一个真理。但同样不可否认的是，社会中的每一个成员，在一定的时间空间中，又必定是处于某一确定的名分地位之中的。而在一定的社会历史背景下，如果社会的每一个成员都不能各安其名位，各尽其职责，那么这个社会肯定是不会安宁的，也是不可能发展的。因此，在一定的社会历史背景下，社会成员的各安名位、各尽职责是社会发展和前进的必要条件。从这一角度讲，儒家的名教理论也有一定的合理性。此外，还需说明一点的是，儒家名教理论也不是绝对排斥个人作用的。就其强调调动每个人的道德自觉性这一点来说，儒家比任何其他学派更重视个人的主观能动性和意志力。然而，从总体上来说，儒家名教是轻视个人利益，抑制个人意志自由发展的。这方面的片面性，也正是儒家名教理论不断遭到反对和批判的原因。

道家，尤其是庄子学派，认为个体的人高于社会的人。他们主张顺自然而因物性，也就是说应当由着个人的自然本性自由发展，而不应当以社会礼法等种种规范去干预和束缚个人的行为。老子说："大道废，有仁义；慧智出，有大伪；六亲不和，有孝慈；国家昏乱，有忠臣。"（《老子》十八章）又说："故失道而后德，失德而后仁，失仁而后义，失义而后礼。"（《老子》三十八章）这是说，老子把社会礼法制度和规范的出现，归结为人类自然本性的不断自我丧失。这里包含了一种原始素朴的"异化"思想。老子的理想是，希望人们通过"绝圣弃智"、"绝仁弃义"、"绝巧弃利"、"少私寡欲"（《老子》十九章）等去克服和阻止"异化"，以期达到返璞归真，复其自然。庄子认为，任何社会礼法制度和规范都是束缚人的自然本性自由发挥的桎梏，因此必须予以彻底破除。他以"天"喻人的自然本性，以"人"喻社会的制度规范，用寓言的形式，借牛马作比喻，通过北海若之口说："牛马四足是谓天，落（络）马首、穿牛鼻是谓人。故曰无以人灭天。"（《庄子·秋水》）这里，他明确地提出了不要用社会礼法制度规范来磨灭人的自然本性的思想。庄子向往的是一种不受任何限制和约束（"无所待"）的绝对自由——"逍遥游"。而当他的向往在现实社会中行不通时，他就教人们以"齐物论"——相对主义的方法，从认识上去摆脱一切由于分别善恶、是非、利害等等而带来的种种纠葛和苦恼，然后借以获得主观精神上的自我满足。道家的自然理论，在重视个人性格和意志方面有其合理性和积极意义。但他过分夸大个人意志与社会规范之间的矛盾对立，想把个人从社会中脱离出来，则又显然走向了另一个片面。

玄学在理论上的任务，就是如何把名教与自然之间的矛盾和谐地统一起来。儒家名教理论沿袭至汉末，已流弊丛生。它不仅作为统治者压迫、钳制人民的手段，使人们的个性、意志受到摧残，而且还成为某些诈伪狡黠之徒沽名钓誉、欺世盗名的工具，使社会风气遭到极大的腐蚀。玄学承汉末名教之弊而起，所以首先都肯定人的自然本性的根本性和合理性，赞扬和提倡道家的自然理论。而同时则努力调和自然本性与名教规范之间的矛盾，使之协调统一起来。玄学内部存在着各种不同的流派，但他们理论上有一共同之点，即都主张以自然为本，名教为末（用），强调以本统末，以用显本，本不离末，用不异本。

玄学的开创人之一，汉魏的王弼认为，喜怒哀乐等是人人都具有的自然本性，即使是圣人也不例外。他指出，从根本上来说，人的道德行为都是人的真实感情的自然流露，如对父母的"自然亲爱为孝"（《论语释疑》）。因此，社会的一切名教规范都应当是体现人的自然本性的，也只有以人的自然本性为根本，才能更好地发挥名教的社会作用。他激烈批评那种离开人的自然本性，而去一味追逐表面道德名声的社会腐败风气。他认为，这种舍本逐末的做法是根本违反道德名教的本意的，也是造成社会风气虚伪，名教制度弊端丛生的根本原因。对此，他作了明确的理论说明。如说"守母以存其子，崇本以举其末，则形名俱有而邪不生，大美配天而华不作"。具体来说，"各任其贞事，用其诚，则仁德厚焉，行义正焉，礼敬清焉"。反之，如果"舍其母而用其子，弃其本而适其末，名则有所分，形则有所止。虽极其大，必有不周；虽盛其美，必有患忧"。具体来说，"弃其所载，舍其所生，用其成形，役其聪明，仁则尚焉，义则竞焉，礼则争焉。"（《老子》三十八章注）所以，王弼希望通过"以无（自然）为本"、"举本统末"的理论，在自然的统摄下发挥名教的正常作用。

玄学的另一位重要代表，西晋的郭象，进一步发展了王弼的理论。他在讲本用的关系上，着重强调了两者不可相离的一体性。他把名教规范直接植入到人的自然本性之中去，认为："夫仁义自是人之情性，但当任之耳。恐仁义非人情而忧之者，真可谓多忧也。"（《庄子·骈拇》注）这是说，仁义等道德规范即在人的自然本性之中，所以应当听任人的本性的发挥，不用担心它会离开道德规范。他不同意庄子以络马首、穿牛鼻为违背牛马自然本性的说法，而认为："牛马不辞穿落者，天命之固当也。苟当乎天命，则虽寄之人事，而本在乎天也。"（《庄子·秋水》注）这就是说，那些符合于自然本性的东西，即使是借助于人为的安排，它也还是根植于自然的。言外之意也就是说，表面上看来是借助于外力的名教规范，其实就存在于人自身的自然本性之中。反过来讲，服从于仁义等名教规范，实际上也正是发挥了人的自然本性，是完全合乎人的自然本性的。于是，郭象通过他的"性各有分"、"自足其性"等理论，把外在的名教规范与个人内在的自然本性统一起来，也就是使名教规范获得一种自然合理的形态，使自然本性在一定的限度内得到自我满足。

东晋的玄学家袁宏，综合发展了王弼和郭象的理论。他第一次以"道明其本"、"儒言其用"（《后汉纪》卷十二）的明确提法，点出了玄学在对待儒、道两家关系上的立场。他反复论说"崇长推仁，自然之理也"；"爱敬忠信，出乎情性者也"（《后汉纪》卷三）；"仁义者，人心之所有也"（《后汉纪》卷二十五）的道理。他毫不隐讳地说："夫礼也，治心轨物，用之人道者也。"但是，"其本所由，在于爱敬自然，发于心诚而扬于事业者"。于是，"圣人因其自然而辅其性情，为之节文而宣以礼，物于是有尊卑亲疏之序焉"（《后汉纪》卷十三）。他还说："夫君臣父子，名教之本也。然则，名教之作，何为者也？盖准天地之性，求之自然之理，拟议以制其名，因循以弘其教，辩物成器，以通天下之务者也。"(《后汉纪》卷二十六)这段话可以说是对玄学关于名教与自然合一理论的总结性论述。

以融合儒、道两家思想为基本特征的玄学理论，对于中国传统哲学，乃至整个中国传统文化的某些基本性格与精神的形成，有着重要的、决定性的作用。这一点是治中国哲学或中国文化者不可不知的。我在一篇题为《玄学与中国传统哲学》的论文中(《北京大学学报(哲学社会科学版)》1988年第1期)举出两点为例，以说明玄学的历史作用和理论地位。第一点是说，由玄学发展起来的"自然合理"论，确立了中国传统哲学的基本理论形态之一，形成了中国传统文化注重自然法则、人文理性而宗教观念相对淡薄的基本性格。第二点是说，玄学认知方法上的"忘象(言)得意"论，构成了中国传统哲学中最主要的思维方式之一，奠定了中国传统文化艺术的主要特点和根本精神，有兴趣者可找来一读。

四、佛教是在两汉之际由印度传入的外来文

化。当其传来之初，人们对它了解甚浅，把它看成与当时人们所熟悉的黄老之学、神仙方术相类似的学说。如袁宏说："佛者，汉言觉，将以觉悟群生也。其教以修善慈心为主，不杀生，专务清净。其精者号为沙门。沙门者，汉言息心，盖息意去欲，而归于无为也。……故所贵行善修道，以炼精神而不已；以至无为而得为佛也。"（《后汉纪》卷十）汉末、三国时期，佛经已渐有翻译，迨至东晋时期，则开始了大规模佛经传译的工作。其间，姚秦时著名佛经翻译家鸠摩罗什及其弟子所翻译的佛经，以译文传意达旨，译笔优美通畅，而广为传诵，影响至今犹存。它对于佛教在中国的传播和发展，发挥了重要的作用。这时，东来传教的高僧日多，本土的出家僧众也激增，其间有不少的饱学大德，因此，佛教在社会上的影响迅速扩大。东晋南北朝以来，随着佛教影响的扩大，随着本土人士对佛教教义的深入了解，佛教这一外来文化与本土文化之间的差异和矛盾就暴露出来了。接着，两者之间的冲突，也就不可避免地爆发了。由于当时中国本土文化以儒、道为代表的格局已经形成，所以佛教与本土文化之间的矛盾冲突，也就表现为佛、道与佛、儒之间的矛盾冲突。

这里所说的佛、道冲突中的道，已不单是指先秦的老庄、汉代的黄老等道家，它同时也包括了东汉末产生的道教，而且从形式上来看，更多地是与道教的矛盾冲突。佛教与道教的矛盾冲突，虽然也有因教义上的不同而引起的斗争，但道教主张长生久视、肉体成仙，而佛教则宣扬诸行无常、涅槃寂灭，这样两种根本相反的解脱观，自然是会发生冲突的。但佛道两教之间的冲突，更多的却是发生在争夺社会地位上。从南北朝至五代，先后发生过四次较大规模的灭佛运动，佛教中人称之为"三武一宗法难"。这四次灭佛运动都是有其深刻的社会政治、经济原因的，但其中前两次的灭佛运动，即北魏太武帝太平真君七年和北周武帝建德二年那两次，则又是与道教的争夺统治者的崇信，确立其社会的正统地位直接有关。唐武宗会昌五年的那次灭佛运动，其中也有道教人士参与劝谏。只有五代后周世宗的废佛运动，未见有道教的参与。在两教争正统的斗争中，双方都编造了不少荒诞的谎言来互相攻击，抬高自己。如，道教编造《老子化胡经》等，谎称老子西行转生为释迦佛；佛教也如法炮制伪造各种文献，或声称老子转世为佛弟子迦叶，或分派迦叶转生为老子等等。诸如此类，不一而足，没有什么价值。

佛教与儒家的冲突，最直接的是佛教的出世主义、出家制度明显有违于儒家提倡的伦理纲常等礼教。两家斗争的焦点，也就主要集中在佛教的出世出家是否违背了中国传统的孝道和忠道。在这一斗争中，坚持儒家立场者，激烈抨击佛教的出家制度教人剃须发、不娶妻、不敬养父母等，完全违背了孝道；而出世主义则不理民生、不事王事、不敬王者等，又完全违背了忠道。因而极贬佛教为夷教胡俗，不合国情，必欲消灭之而后快。站在佛教立场者，为求得在中国的生存，则竭力采取调和态度，辩明其不违中国礼俗之根本。如东晋著名高僧慧远就申辩说："悦释迦之风者，辄先奉亲而敬君；变俗投簪者，必待命而顺动。若君亲有疑，则退求其志，以俟同悟。斯乃佛教之所以重资生，助王化于治道者也。"（《沙门不敬王者论·在家一》）这是说，信佛教者是把奉亲敬君放在第一位的，如果得不到君亲的同意或信任，则要退而反省自己的诚意，直到双方都觉悟。这也就是佛教对于民生、治道的裨益。他还说，出家人虽然在服饰上、行为上与在家人有所不同，但他们有益民生、孝敬君亲，与在家人没有两样。所以说："如令一夫全德，则道洽六亲，泽流天下，虽不处王侯之位，亦已协契皇极，在宥生民矣。是故内乖天属之重，而不违其孝；外阙奉主之恭，而不失其敬。"（《沙门不敬王者论·出家二》）

从理论方面讲，当时佛教与儒道的斗争主要集中在神的存灭、因果报应等问题上。成佛是佛教徒的最高理想，对此问题，当时的中国佛教徒提出了一种"神明成佛"的理论。梁武帝萧衍甚至专门写了一篇题为《立神明成佛义记》的论文来发明此义。他在文中说："源神明以不断为精，精神必归妙果。妙果体极常住，精神不免无常。"这里所谓"神明"，指人的灵魂；"不断"，是不灭的意思；"妙果"，则即指成佛。这句话的意思是说，人的灵魂要修炼到不灭，才可称作"精"；这种"精"

的"神"，最终必定成就佛果。佛果为彻悟之体，所以永恒不变；精神则尚处于过程之中，不能免于流动变迁。沈绩对这句话注解道："神而有尽，宁为神乎？故经云：吾见死者形坏，体化而神不灭。"他引经据典地说明了"形坏神不灭"的论点。当时的儒、道学者则针锋相对地提出了"形神相即"、"形质神用"、"形死神灭"等观点。又，佛教讲因果报应，特别是讲三世报应，这也是与中国传统观念不一致的。佛教的业报，强调自己种下的因，自己承受其果报。有的现世受报，有的来世受报，有的则经过二生三生，乃至百生千生，然后才受报。而在中国传统观念中，则盛行着"积善之家，必有余庆；积不善之家，必有余殃"(《周易·坤卦·文言》)的教训。即祖先积善或积不善，由子孙去承受福或祸，而主要不是本人去承受。所以，晋宋齐梁期间围绕神灭、神不灭和因果报应等问题曾展开了一场激烈的斗争。

在佛教与儒、道发生矛盾冲突的同时，更值得注意的是佛教与儒、道之间的相互渗透和融合。这里，我们首先从佛教方面来看一下这种渗透和融合。佛教传入之初，为使中国人理解这一外来宗教的思想，借用了大量的儒、道所用的传统名词、概念来比附译释佛教的一些名词、概念。此即所谓"格义"的方法。如，以无释空，以三畏（《论语·季氏》："孔子曰：君子有三畏：畏天命，畏大人，畏圣人之言。"）拟三归（归依佛、法、僧），以五常（仁、义、礼、智、信）喻五戒（去杀、盗、淫、妄言、饮酒）等。这种借用现象，在对外来文化的传译初期是不可避免的。然而，由于佛教传入初期，人们对其了解不深，这种名词、概念的借用，也就给一般人带来了不少的误解。而这种误解，也就使儒、道的思想渗入到佛教之中。陈寅恪先生在其所著《支愍度学说考》一文中，举出《世说新语》刘孝标注所引当时般若学中的心无义曰："种智之体，豁如太虚。虚而能知，无而能应。居宗至极，其唯无乎？"然后评论说："此正与上引《老子》（'天地之间，其犹橐籥乎？虚而不屈，动而愈出。'）、《周易·系辞》（'易无思也，无为也。寂然不动，感而遂通天下之故。非天下之至神，其孰能与于此。'）之旨相符合，而非般若空宗之义也。"陈先生的评论是很深刻和正确的。

　　如果说，这种初期的融入尚是不自觉的话，那么后来佛教为了在中国扎下根来，则进行了自觉的、主动的融合。首先在译事方面，佛教学者总结了"格义"法的缺陷，以及在翻译中过分讲求文辞，而忽略其思想意义等问题，主动积极地吸收和提倡玄学"得意忘象（言）"的方法，以领会佛典所传达的根本宗旨和思想精神。正如东晋名僧道生所说的："夫象以尽意，得意则象忘。言以诠理，入理则言息。自经典东流，译人重阻，多守滞文，鲜见圆义。若忘筌取鱼，始可与言道矣！"（《高僧传》卷七）又如，东晋名僧僧肇，深通老庄和玄学，他的著作《肇论》，借老庄玄学的词语、风格来论说般若性空中观思想。在使用中国传统名词和文辞来表达佛教理论方面，达到了相当高妙的境地，深契忘言得意之旨。所以说，玄学对于佛教的影响是很深的，它在连接佛教与中国传统文化方面起了重要的桥梁作用。当然，反过来佛教对于玄学的影响也是十分巨大的。两晋之际，玄学家以佛教义理为清谈之言助，已在在皆是，玄佛融合成为东晋玄学发展的一个重要趋势。

在中国儒、道、玄思想的影响下，原印度佛教的许多特性发生了重大的变化。诸如，印度佛教杂多而烦琐的名相分析，逐渐为简约和忘言得意的传统思维方式所取代；印度佛教强调苦行累修的解脱方法，则转变为以智解顿悟为主的解脱方法；印度佛教的出世精神，更多地为世出世不二，乃至积极的入世精神所取代，等等。而在理论上则更是广泛地吸收了儒家的心性、中庸，道家的自然无为，甚至阴阳五行等各种思想学说。正是经过这些众多的变化，至隋唐时期，佛教完成了形式和理论上的自我调整，取得了与中国传统文化的基本协调，形成了一批富有中国特色的佛教宗派，如：天台宗、华严宗、禅宗、净土宗等。佛教终于在中国扎下了根，开出了花，结出了果。与此同时，佛教的影响也不断地深入到了人们的日常衣食、语言、思想、文学、艺术、建筑，乃至医学、天文等各个方面。至此，佛教文化已成为整个中国文化中可以与儒、道鼎足而立的一个有机组成部分。唐宋以来的知识分子，不论是崇信佛老的，还是反对佛老的，无一不出入佛老。也就是说，这时的佛教文化已成为一般知识分子知识结构中不可或缺的一个部分。可以毫不夸张地说，要想真正了解和把握东晋南北朝以后，尤其是隋唐以后的中国历史、文化，离开了佛教是根本不可能的。

五、佛教文化在中国的生根和发展，对于中国传统的儒、道思想也发生了深刻的影响，促使它们在形式和理论上自我调整和发展更新。

由于汉末道教的创立和发展，此后道家的问题变得复杂起来了。道教是在杂糅原始宗教、神仙方术、民间信仰等基础上，附会以道家老子思想为理论依托而建立起来的。后来又受到佛教的影响，仿效佛教的戒律仪轨、经典组织等，使自己不断地完善起来。道教尊奉老子为其教主，以老、庄、文、列诸子的著作作为最根本的经典，如尊《老子》为《道德真经》，尊《庄子》为《南华真经》，尊《文子》为《通玄真经》，尊《列子》为《冲虚至德真经》等。所以，就这方面来讲，道教与道家是密不可分的，因而在人们平时所称的儒、释、道中的道，一般都是含混的，并不严格限定它是专指道家还是道教。

其实，道家与道教是有根本区别的。简而言之，道家是一个学术流派，而道教则是一种宗教。先秦道家，尤其是老子倡导的自然无为主义，在描述道的情况时说"道冲而用之或不盈，渊兮似万物之宗。……湛兮似或存，吾不知谁之子，象帝之先"（《老子》四章）；而在称颂道的崇高品德时则说"辅万物之自然而不敢为"（《老子》六十四章），"生而不有，为而不恃，长而不宰"（《老子》五十一章）等等。这些论述，在当时来讲更是具有一定的反宗教意义。即使在道教问世之后，道家与道教无论从形式上或理论上也还是有区别的。如魏晋玄学家王弼、嵇康、阮籍、郭象、张湛等人所发挥的老、庄、列思想，人们绝不会说他们讲的是道教，而必定是把他们归入道家范畴。反之，对葛洪、陶弘景、寇谦之等人所阐发的老庄思想，则一定说他们是道教，而不会说他们是道家。这倒并不是因为葛洪等人具有道士的身份，而主要是由于他们把老庄思想宗教化了。具体说，就是把老庄思想与天尊信仰、诸神崇拜、修炼内外丹、尸解成仙等道教的种种宗教寄托和目标融合在一起了。而这些在玄学家所发挥的道家思想中是找不到的。以此为基准去判别汉末以后的数以千计的老、庄、文、列的注解释义著作，那么哪些应归入道家，哪些应归入道教，应当是十分清楚明白的。当然，这种分辨并不涉及这些著作的理论价值的高低评价问题。事实上，在佛教理论的刺激和影响下，道教理论从广度上和深度上得到了极大的发展，不少道教著作在一些方面对道家思想有很多的丰富和发展，有的甚至对整个中国传统文化的发展也是有贡献的。

总之，所谓儒、释、道中的道，包括了道家和道教。即使当人们把儒、释、道称为"三教"时，其中的道也不是单指道教。这里需要附带说明的是，中国传统上所谓"三教"的"教"，其含义是教化的教，而不是宗教的教。当我们总论"三教"中的"道"时，既要注意道家，也要注意道教，不可偏执；而当我们研究和把握某一具体的著作或思想家时，则应当分清它究竟是道教还是道家，不可笼统。

儒家思想理论在佛教的冲击和影响下，也有很大的变化和发展。如上面所提到的，东晋以后佛教思想就深入到了社会生活各个领域，尤其是宋元以后的知识分子无一不出入于佛老，这些都还只是现象上的撮绘。其实，佛教对儒家最主要的影响是在于它促使儒家对发展和建立形上理论的深入探讨。与佛教相比，原始儒家在理论上更注意于实践原则的探讨与确立，其中虽也有一些形上学的命题，但并没有着意去加以发挥。所以在形上理论方面，原始儒家甚至还不如道家。佛教传入后，它那丰富深奥的形上理论，给儒家以极大的冲击和刺激，一度还吸引了大批的优秀知识分子深入佛门，去探其奥秘。而且，确实也由此而涌现出一批积极探讨形上理论的儒家学者。唐代著名学者柳宗元，在评论韩愈的排佛论时说，韩愈给佛教所列的罪状，都是佛教中的一些表面东西，至于佛教内所蕴含的精华，他根本不了解。所以说：韩愈完全是"忿其外而遗其中，是知石而不知韫玉也"。实际上，"浮图诚有不可斥者，往往与《易》《论语》合，诚乐之，其于性情奭然，不与孔子异道"(《柳宗元集》卷二十五《送僧浩初序》)。
这段话表明，柳宗元透过儒、佛表面的矛盾，看
到了佛教理论有与儒家思想相合之处，其见地显
然高出韩愈一筹。其实，韩愈虽强烈排佛，但也
不能完全摆脱佛教的影响。他所标举的儒家道统
说，与佛教的判教和传灯思想不能说全无关系。

　　人们常把宋明理学的萌发，推求于韩愈及其
弟子李翱。韩愈对宋明理学的影响，主要在他所
标举的儒家道统说。而李翱对宋明理学的贡献，
则在于他指出了一条探讨儒家心性形上理论的途
径。在韩愈那里，还是遵循比较传统的儒家思路
的，即更注重于具体道德原则的探讨。如他在《原
道》一文中说"仁与义为定名，道与德为虚位"，对
佛、老的去仁义而言道德大加批评，流露出了他
对探讨形上问题的不感兴趣。然而，他的弟子李
翱则对探讨形上理论表现出极大的兴趣。他受佛
教的影响，作《复性书》三篇，以探求儒家的形上
理论。他在说明他作此文的意图时说："性命之书
虽存，学者莫能明，是故皆入于庄、列、老、释。
不知者，谓夫子之徒不足以穷性命之道，信之者皆

是也。有问于我，我以吾之所知而传焉。遂书于书，以开诚明之源，而缺绝废弃不扬之道，几可以传于时。"那么，他所发掘出来的发挥儒家性命之道的书，是些什么书呢？从他在《复性书》中所征引和列举的看，主要是《易》和《中庸》。以后，宋明理学发挥儒家性理之学以与佛教抗衡，其所依据的基本经典主要也就是《易》和《中庸》等。开创理学的北宋五子（周敦颐、张载、邵雍、程颢、程颐），无一例外地都是借阐发《易》理来建立自己的理论的。理学的集大成者朱熹，则进一步通过系统的阐发，又把"四书"（《大学》《中庸》《论语》《孟子》）也提到了儒家阐发"性命之道"的基本典籍之列。所以把宋明理学的萌发追溯到唐代的韩、李是很有道理的。

理学以承继尧、舜、禹、汤、文、武、周公、孔、孟的道统和复兴儒学为己任。然而，他们所复兴的儒学，已不完全是先秦的原始儒学了。一方面，理学的形上理论受玄学影响极深，如玄学所提倡的"自然合理"的理论形态，为理学所积极接受和发展。另一方面，理学受佛教理论的影响也甚多。如理学大谈特谈的"主静"、"性体"、"体用一源，显微无间"、"理一分殊"等等，无一不与佛教思想有着密切的关系。所以，理学所代表的儒学，在理论形态上与先秦原始儒学存在着不同。先秦原始儒学的许多具体道德规范，到了理学家手中就平添了许多形上学的道理。如，关于"仁"，孔子所论不下数十条，但都是十分具体的。他答颜渊问仁，曰"克己复礼为仁"；答仲弓问仁，曰"出门如见大宾，使民如承大祭。己所不欲，勿施于人。在邦无怨，在家无怨"；答司马牛问仁，曰"仁者其言也切"；答樊迟问仁，曰"爱人"（以上均见《论语·颜渊》），曰"先难而后获"（《论语·雍也》）；答子张问仁，曰"能行五者于天下，为仁矣。……曰:恭、宽、信、敏、惠"（《论语·阳货》）。此外，又如说"夫仁者，己欲立而立人，己欲达而达人"（《论语·雍也》）；"刚、毅、木、讷，近仁"（《论语·子路》）等等，无一不是具体践行的条目。孟子论仁则除了讲"仁者爱人"（《孟子·离娄下》）外，更推及于"爱物"，并与"义"并提，强调"居仁由义"（《孟子·尽心上》），最终具体落实到推行

"仁政"等等。可是，到了理学家那里，情况就大不一样了。如朱熹释"仁"，一则说："仁者，爱之理，心之德也。"（《论语·学而》注）再则说："为仁者，所以全其心之德也。盖心之全德，莫非天理，而亦不能不坏于人欲。故为仁者，必有以胜私欲而复于礼，则事皆天理，而本心之德复全于我矣。"（《论语·颜渊》注）这里一变而为主要是对"仁"的形上理论的阐发了。这种理论上的差别，也是我们特别需要注意的。

六、综上所述，中国文化中的儒、释、道三家（或称"三教"），在相互的冲突中相互吸收和融合；在保持各自的基本立场和特质的同时，又你中有我，我中有你。三家的发展历史，充分体现了中国文化的融合精神。经过一千多年的发展，到十九世纪中叶以前，中国文化一直延续着儒、释、道三家共存并进的格局。历代统治者推行的文化政策，绝大多数时期也都强调三教并用。南宋孝宗皇帝赵昚说："以佛治心，以道治身，以儒治世。"（《三教平心论》卷上）这是很具代表性的一种观点。所以，当人们随口而说"中国文化是儒家文化"的时候，请千万不要忘了还有佛、道二家的文化，在国人的精神生活中发挥着巨大的作用。我们说，中华人文精神是在儒、释、道三教的共同培育下形成的，这话绝无夸张之意。

论中国传统文化的人文精神

　　中国传统文化源远流长，博大精深。然在其久远博大之中，却"统之有宗，会之有元"。若由著述载籍而论，经史子集、万亿卷帙，概以"三玄"（《周易》《老子》《庄子》）、"四书"（《大学》《中庸》《论语》《孟子》）、"五经"（《周易》《诗经》《尚书》《礼记》《春秋》）为其渊薮；如由学术统绪而言，三教九流、百家争鸣，则以儒、道二家为其归致。东晋以后，历南北朝隋唐，由印度传入的佛教文化逐步融入中国传统文化，释氏之典籍与统绪因而也就成了中国传统文化中的一个有机组成部分。儒、释、道三家，鼎足而立，相辅相成，构成了唐宋以降中国文化的基本格局。所谓"以佛治心，以道治身，以儒治世"，明白地道出了中国传统文化的这种基本结构特征。

中国传统文化的根本特点之一是：观念上的"和而不同"和实践中的整体会通。子曰："君子和而不同，小人同而不和。"(《论语·子路》)尚"和"而卑"同"是中国传统文化中的一个重要观念，"和"是综合会通的意思，"同"是单一附和的意思。任何事物，只有不断地综合会通才能发展创新，若是一味地单一附和则将萎缩死亡。诚如周末史伯所言："夫和实生物，同则不继。以他平他谓之和，故能丰长而物归之。若以同裨同，尽乃弃矣。"(《国语·郑语》)具体地说，在中国传统文化中，无论是儒、释、道三家，还是文、史、哲三科，天、地、人三学，虽有其各自不同的探究领域、表述方法和理论特征，然却又都是互相渗透，互相吸收，"你中有我，我中有你"，难分难析。这也就是说，人们既需要分析地研究三家、三科、三学各自的特点，更需要会通地把握三家、三科、三学的共同精神。此外，如果说儒、释、道三家，文、史、哲三科，天、地、人三学等构成中国传统文化的一个有机整体，那么对于这个文化整体来讲，其中的任何一家、一科、一学都是不可或缺的，否则这一文化整体的特性将发生变异，或者说它已不再是原来那个文化整体了；而对于其中的每一家、每一科、每一学来讲，则都是这一文化整体中的一家、一科、一学，且每一家、每一科、每一学又都体现着这一文化整体的整体特性。唯其如是，对于中国传统文化的研究，不管是研究哪一家、哪一科、哪一学，我认为，首先是要把握住中国传统文化的整体精神之所在，否则将难入其堂奥，难得其精义。

一

中国传统文化如果从整体上来把握的话，那么人文精神可说是它的最主要和最鲜明的特征。需要说明的是，这里所说的中国传统文化的人文精神与现在所谓的"人文主义"或"人本主义"等概念不完全相同。在中国传统文化中，"人文"一词最早见于《周易·象传》。孔颖达《周易正义》卷三曰：

> 刚柔交错，天文也；文明以止，人文也。观乎天文，以察时变；观乎人文，以化成天下。

《周易正义》卷三中记载了魏王弼、唐孔颖达对此的解释：

> 刚柔交错而成文焉，天之文也；止物不以威武，而以文明，人文也。观天之文，则时变可知也；观人之文，则化成可为也。

> 观乎天文，以察时变者，言圣人当观视天文，刚柔交错，相饰成文，以察四时变化。……观乎人文，以化成天下者，言圣人观察人文，则诗书礼乐之谓，当法此教而化成天下也。

宋程颐的解释则是：

> 天文，天之理也；人文，人之道也。天文，
> 谓日月星辰之错列，寒暑阴阳之代变，观其运
> 行，以察四时之速改也。人文，人理之伦序，观
> 人文以教化天下，天下成其礼俗，乃圣人用贲之
> 道也。(《伊川易传》卷二)

由以上各家的解释可见，"人文"一词在中国传统文化中原是与"天文"一词对举为文的。"天文"指的是自然界的运行法则，"人文"则是指人类社会的运行法则。具体地说，"人文"的主要内涵是指一种以礼乐为教化天下之本，以及由此建立起来的一个人伦有序的理想文明社会。这里有两点需要加以说明：一是人们所讲的"人文精神"一语，无疑与上述"人文"一词有关，抑或是其词源。但"人文精神"一语的涵义，又显然要比《周易·象传》中"人文"一词的涵义丰富得多。二是中国传统文化中人文精神的出现和展开显然要比"人文"一词的出现早得多，《周易·象传》的面世不会

早于战国末，而中国传统文化中的"人文精神"，远则可以追求至中国文化的源头，近也至少可以推溯到殷末周初。

中国典籍中，很早就有"人"是天地所生万物中最灵、最贵者的思想。如《尚书·泰誓》中说：

> 惟天地，万物之母；惟人，万物之灵。(《尚书正义》卷十一《泰誓上》)

《孝经》中则借孔子的名义说：

> 天地之性，人为贵。(《孝经注疏》卷五《圣治章第九》)

这句话中的"性"字，是"生"的意思。宋人邢昺解释说：

> 性，生也。言天地之所生，惟人最贵也。……夫称贵者，是殊异可重之名。(同上)

其实，在《孝经》面世之前，荀子也已提出了人最为天下贵的观点了。他说：

水火有气而无生，草木有生而无知，禽兽有知而无义，人有气有生有知，亦且有义，故最为天下贵也。（《荀子·王制》）

荀子用比较的方法，从现象上说明了为什么天地万物中人最为贵的道理。其后，在《礼记·礼运》中，人们又进一步对人之所以异于万物的道理作了理论上的说明。如说：

故人者，其天地之德，阴阳之交，鬼神之会，五行之秀气也。

故人者，天地之心也，五行之端也，食味、别声、被色而生者也。（《礼记正义》卷二十二）

这句话中"鬼神之会"的意思，是指形体与精神的会合。如唐孔颖达解释说：

鬼谓形体，神谓精灵。《祭义》云："气也者，神之盛也；魄也者，鬼之盛也。"必形体精灵相会，然后物生，故云"鬼神之会"。（同上）

以后，汉儒、宋儒如董仲舒、周敦颐、邵雍、朱熹等，也都不断地发挥这些思想。如，董仲舒说："天地之精，所以生物者，莫贵于人。"（《春秋繁露·人副天数》）"人受命于天，固超然异于群生。……是其得天之灵，贵于物也。"（《汉书·董仲舒传》）周敦颐说："二气交感，化生万物，万物生生，而变化无穷，惟人也得其秀而最灵。"（《太极图说》）邵雍说："惟人兼乎万物，而为万物之灵。如禽兽之声，以类而各能其一，无所不能者人也。推之他事亦莫不然。惟人得天地日月交之用，他类则不能也。人之生，真可谓之贵矣。"（《皇极经世书》卷七《观物外篇上》）正是有见于此，中国古代思想家们认为，人虽是天地所生万物之一，然可与天地并列为三。如，《老子》书中就有所谓"故道大、天大、地大、王（或作"人"字）亦大。域中有四大，而王居其一焉"的说法，把人与道、天、地并列。不过，在《老子》书中，道还是最贵的。所以，他接着说的是："人法地，地法天，天法道，道法自然。"（《老子》二十五章）此文中之"王"，即代表了"人"。所以王弼注此句说："天地之性人为贵，而王是人之主也。"与《老子》相比，荀子对人在天地中的地位强调得更为突出，论述得也更为明晰。他尝说：

> 天有其时，地有其财，人有其治，夫是之谓能参。（《荀子·天论》）

这里的"参"字就是"叁（三）"的意思，整句话的意思是说，人以其能治天时地财而用之，因而与天地并列为三。对此，荀子又进一步解释说：

> 天能生物，不能辨物也；地能载人，不能治人也；宇中万物生人之属，待圣人然后分也。（《荀子·礼论》）

"分"是分位的意思。在荀子看来，"明分"（确定每个人的分位）是"使群"（充分发挥人类整体力量）、"役物"（合理利用天时地财）的根本，所以他所谓的"人有其治"的"治"，也正是指人的"辨物"、"治人"的"明分"能力。同样的意思在《礼记·中庸》也有表达，其文云：

> 唯天下至诚，为能尽其性；能尽其性，则能尽人之性；能尽人之性，则能尽物之性；能尽物之性，则可以赞天地之化育；可以赞天地之化育，则可以与天地参矣。（《礼记正义》卷五十三）

按照传统的解释，"至诚"是圣人之德。《孟子》和《中庸》中都说过："诚者，天之道也；思诚者（《中庸》作"诚之者"），人之道也。"这也就是说，人以其至诚而辨明人、物之性，尽其人、物之用，参与天地生养万物的活动，因而与天地并列为三。朱熹《中庸章句》说："……能尽之者，谓知之无不明而处之无不当也。赞，犹助也。与天地参，谓与天地并立为三也。"

汉儒董仲舒继承荀子思想，亦极言人与天地并为万物之根本。如说：

> 天地人，万物之本也。天生之，地养之，人成之。(《春秋繁露·立元神》)

> 人下长万物，上参天地。(《春秋繁露·天地阴阳》)

> 唯人独能偶天地。(《春秋繁露·人副天数》)

> 唯人道为可以参天。(《春秋繁露·王道通三》)

从荀子和董仲舒等人的论述中，应当说都蕴涵着这样一层意思，即在天地人三者中，人处于一种能动的主动的地位。从生养人与万物来讲，当然天地是其根本，然而从治理人与万物来讲，则人是能动的，操有主动权。就这方面说，人在天地万物之中可说是处于一种核心的地位。中国传统文化的人文精神把人的道德情操的自我提升与超越放在首位，注重人的伦理精神和艺术精神的养成等，正是由对人在天地万物中这种能动、主动的核心地位的确认而确立起来的。

由此，又形成了中国传统文化中的两个十分显著的特点，即：一是高扬君权师教淡化神权，宗教绝对神圣的观念相对比较淡薄；二是高扬明道正谊节制物欲，人格自我完善的观念广泛深入人心。这也就是说，在中国传统文化的人文精神中，包含着一种上薄拜神教、下防拜物教的现代理性精神。

二

中国传统文化的这种人文精神，根植于远古的原始文化之中。人们常把"天人合一"视作中国文化的主要特征之一，而考其起源，则与中国原始文化中的自然（天地）崇拜，以天地为生物之本；以及祖先崇拜，以先祖为监临人世的上帝（此亦为天，天命之天）等观念，不能说毫无关系。由此可见，"天人合一"中"天"的含义是合自然之天与天命（先祖上帝）之天而言的。以后，宋明理学讲的天理之天，即是自然之天与天命之天的统合体。

人与自然之天"合一"的中心是"顺自然"，这里"自然"一词的含义，不是指"自然界"，而是指自然界的"本然"法则与状态。道家思想中强调顺自然，这是人们所熟知的。如《老子》书中就明确说过这样的话：

辅万物之自然而不敢为。（《老子》六十四章）

也正是《老子》书中的这句话，长期以来道家的自然无为思想被看成是一种消极被动、因循等待的思想。其实，道家顺自然而不敢为（无为）的思想，有其相当积极合理的一面，这在以后的道家著作中有着充分的展开。如在《淮南子》一书，对道家的无为思想就有相当积极合理的论述：

无为者，非谓其凝滞而不动也，以其言莫从己出也。（《淮南子·主术训》）

所谓无为者，不先物为也；所谓无不为者，因物之所为也。所谓无治者，不易自然也；所谓无不治者，因物之相然也。(《淮南子·原道训》)

若吾所谓无为者，私志不得入公道，嗜欲不得枉正术。循理而举事，因资而立功，推自然之势，而曲故不得容者。故事成而身不伐，功立而名弗有，非谓其感而不应，攻而不动者也。(《淮南子·修务训》)

这三段话从不同角度说明了道家自然无为思想绝不是什么消极被动、因循等待，而是在排除主观、私意的前提下，主动地因势利导，即所谓"循理"、"因资"地去举事立功。这也就是《老子》所追求的理想：

功成事遂，百姓皆谓我自然。(《老子》十七章)

在传统儒家文化中也是极为强调这种顺自然

232

而不违天时的思想的。前面我们曾提到荀子关于人与天地参的思想，以往人们都以此来强调荀子的"人定胜天"思想。殊不知荀子的人与天地参思想或如人们所说的"人定胜天"的思想，恰恰是建立在他的顺自然而不违天时的认识基础之上的。所以，他在提出"天有其时，地有其财，人有其治，夫是之谓能参"的结论之前是这样来分析的：

不为而成，不求而得，夫是之谓天职。如是者，虽深，其人不加虑焉；虽大，不加能焉；虽精，不加察焉。夫是之谓不与天争职。(《荀子·天论》)

而紧接着"夫是之谓能参"后，则又再强调说：

舍其所以参而愿其所参，则惑矣。列星随旋，日月递照，四时代御，阴阳大化，风雨博施。万物各得其和以生，各得其养以成。不见其事而见其功，夫是之谓神。皆知其所以成，莫知其无形，夫是之谓天〔功〕。唯圣人为不求知天。(同上)

最后，荀子总结说：

圣人清其天君（"心居中虚，以治五官，夫是之谓天君"），正其天官（"耳目鼻口形能各有接而不相能也，夫是之谓天官"），备其天养（"财非其类以养其类，夫是之谓天养"），顺其天政（"顺其类者谓之福，逆其类者谓之祸，夫是之谓天政"），养其天情（"形具而神生，好恶喜怒哀乐臧焉，夫是之谓天情"），以全其天功（"皆知其所以成，莫知其无形，夫是之谓天〔功〕"）。如是，则知其所为，知其所不为矣，则天地官而万物役矣！（同上）

这里一连串的"天"字，都是强调其为"自然"之意。荀子认为，人只有顺其自然，才会懂得什么应当去做，什么不应当去做，才能掌握天时地财，利用万物。又如，前引《中庸》"唯天下至诚……则可以与天地参矣"一段，同样也是强调只有尽人、物的自然之性，方能参与天地之化育。儒家把大禹治水的智慧看成是顺自然的典范，充分体现了有为和无为在顺自然原则中的统一。孟子对这一问题的论述是极有启迪的。他说：

> 天下之言性也，则故而已矣，故者以利为本。所恶于智者，为其凿也。如智者若禹之行水也，则无恶于智矣。禹之行水也，行其所无事也。如智者亦行其所无事，则智亦大矣。天之高也，星辰之远也，苟求其故，千岁之日至，可坐而致也。(《孟子·离娄下》)

朱熹非常赞赏孟子的这一论述，他的注释发挥了孟子的思想，且有助于我们了解孟子这段话的精义之所在。现摘引朱熹部分注文如下：

> 性者，人物所得以生之理也。故者，其已然之迹，若所谓天下之故也。利，犹顺也，语其自然之势也。言事物之理，虽若无形而难知，然其发见之已然，则必有迹而易见。……然其所谓故者，又必本其自然之势。

禹之行水，则因其自然之势而导之，未尝以私智穿凿而有所事，是以水得其润下之性而不为害也。

愚谓，事物之理，莫非自然。顺而循之，则为大智，若用小智而凿以自私，则害于性而反为不智。(《孟子集注·离娄章句下》)

以上所引都十分明确而概括地表达了儒家"顺自然"而与自然之天"合一"的基本观点。

三

人与天命之天"合一"的中心是"疾敬德"。这一观念，大概起源于殷末周初。《尚书·召诰》中有一段告诫周王要牢记夏、殷亡国教训的文字，很能说明这一点。其文曰：

王敬作所，不可不敬德。我不可不监于有

夏，亦不可不有监于有殷。我不敢知曰有夏服天命，惟有历年，我不敢知曰不其延，惟不敬厥德，乃早坠厥命。我不敢知曰有殷受天命，惟有历年，我不敢知曰不其延，惟不敬厥德，乃早坠厥命。……肆惟王其疾敬德，王其德之用，祈天永命。

这是说，夏、殷之所以灭亡，主要是由于他们"不敬德"，因此，周王如要永保天命的话，就一定要"疾敬德"。所谓"皇天无亲，惟德是辅"（《尚书·蔡仲之命》），是周初人的一种共识，也是以后儒家论述天人合一的一个中心命题。我们在《尚书》一书中，随处都可以翻检出有关于因"不敬德"而失天下的记述。诸如说：

禹乃会群后，誓于师曰："济济有众，咸听朕命。蠢兹有苗，昏迷不恭，侮慢自贤，反道败德。君子在野，小人在位，民弃不保，天降之咎。肆予以尔众士，奉辞伐罪，尔尚一乃心力，其克有勋。"（《尚书·大禹谟》）

"反道败德"，这是有苗失天下的缘由。

有夏昏德，民坠涂炭，天乃锡王勇智，表正万邦，缵禹旧服。兹率厥典，奉若天命。(《尚书·仲虺之诰》)

夏王灭德作威，以敷虐于尔万方百姓，尔万方百姓罹其凶害，弗忍荼毒。并告无辜于上下神祇。天道福善祸淫，降灾于夏，以彰厥罪；肆台小子，将天命明威，不敢赦，敢用玄牡，敢昭告于上天神后，请罪有夏。(《尚书·汤诰》)

伊尹既复政厥辟，将告归，乃陈戒于德。曰："呜呼！天难谌，命靡常。常厥德，保厥位，厥德匪常，九有以亡。夏王弗克庸德，慢神虐民，皇天弗保，监于万方，启迪有命。眷求一德，俾作神主。惟尹躬暨汤，咸有一德，克享天心，受天明命。以有九有之师，爰革夏正，非天私我有商，惟天佑于一德，非商求于下民，惟民归于一德，德惟一，动罔不吉；德

二三，动罔不凶。惟吉凶不僭在人，惟天降灾祥在德。(《尚书·咸有一德》)

"有夏昏德"、"夏王灭德作威"、"夏王弗克庸德"，这是夏失天下的缘由。

今商王受，弗敬上天，降灾下民，沉湎冒色，敢行暴虐……皇天震怒，命我文考，肃将天威，大勋未集。肆予小子发，以尔友邦冢君，观政于商。……受有臣亿万，惟亿万心。予有臣三千，惟一心。商罪贯盈，天命诛之，予弗顺天，厥罪惟钧。(《尚书·泰誓上》)

今商王受，狎侮五常，荒怠弗敬，自绝于天，结怨于民，斮朝涉之胫，剖贤人之心，作威杀戮，毒痡四海。……古人有言曰："抚我则后，虐我则雠。"独夫受，洪惟作威，乃汝世雠。树德务滋，除恶务本。肆予小子，诞以尔众士，殄歼乃雠。(《尚书·泰誓下》)

曰："惟有道曾孙周王发，将有大正于商。"今商王受无道，暴殄天物，害虐烝民，为天下逋逃主，萃渊薮。予小子既获仁人，敢祗承上帝，以遏乱略。华夏蛮貊，罔不率俾，恭天成命。(《尚书·武成》)

"弗敬上天，降灾下民"，"自绝于天，结怨于民"，"暴殄天物，害虐烝民"，这是殷商失天下的缘由。

这种自周初以来形成的"以德配天"的天人合一观中，无疑地其伦理道德色彩大大超过其宗教色彩。

天子受命于天，然只有有德者方能受此天命。何谓有德者？孟子在回答其弟子万章问及尧舜相传一事时，有一段论述是很值得思考的。孟子认为，天子是不能私自把天下传给他人的，舜之有天下，是天命授予的，尧只是起了推荐的作用。那么，天又是如何来表达它的意向的呢？孟子说，天不是用说话来表达的，而是通过对舜的行为和事迹的接受来表达其意向的。具体地讲，就是：

使之主祭而百神享之，是天受之；使之主事而事治，百姓安之，是民受之也。天与之，人与之，故曰：天子不能以天下与人。……《泰誓》曰："天视自我民视，天听自我民听。"此之谓也。(《孟子·万章上》)

这里所谓"使之主祭而百神享之，是天受之"，显然只具有外在的礼仪形式的意义，而"使之主事而事治，百姓安之，是民受之"，才具有实质的意义。由孟子所引《泰誓》一语可见，"人意"是"天命"的实在根据，"天命"则是体现"人意"的一种礼仪文饰。

这种"天命"根据于"人"、"民"之意愿，"人"、"民"比鬼神更根本的观念，发生于周初，至春秋时期而有极大的发展。《尚书·泰誓》中，除孟子所引那一句外，也还说过这样的话：

天矜于民，民之所欲，天必从之。

天聪明，自我民聪明；天明畏，自我民明威。

（《尚书·皋陶谟》）

孔安国释此句之义，最能体现天命以民意为根据的观念。他说：

> 言天因民而降之福，民所归者，天命之。天视听人君之行，用民为聪明。

> 天明可畏，亦用民成其威。民所叛者，天讨之，是天明可畏之效。（《尚书正义·皋陶谟》）

至春秋时期，这方面的思想得到了极大的发展。以下摘引几条人们熟知的《左传》中的材料，以见其一斑。

> 〔季梁〕对曰："夫民，神之主也，是以圣王先成民而后致力于神。……故务其三时，修其五教，亲其九族，以致其禋祀，于是乎民和而神降之福，故动则有成。今民各有心，而鬼神乏主，君虽独丰，其何福之有？"（《春秋左传

正义》卷六《桓公六年传》）

史嚚曰："虢其亡乎！吾闻之：国将兴，听于民；将亡，听于神。神，聪明正直而壹者也，依人而行。"（《春秋左传正义》卷十《庄公三十二年传》）

进而一些思想家更明白地宣称"妖由人兴"、"吉凶由人"。如：

〔申繻〕对曰："……妖由人兴也。人无衅焉，妖不自作。人弃常，则妖兴，故有妖。（《春秋左传正义》卷九《庄公十四年传》）

何谓"弃常"？晋伯宗在回答晋侯的话中，有一段可为说明。伯宗说：

天反时为灾，地反物为妖，民反德为乱，乱则妖灾生。（《春秋左传正义》卷二十四《宣公十五年传》）

所以，当宋襄公问周内史叔兴关于"陨石于宋五"和"六鹢退飞过宋都"二事"是何祥也，吉凶焉在"时，叔兴表面应付一下，退而则告人曰：

　　　　君失问。是阴阳之事，非吉凶所生也。吉凶由人。(《春秋左传正义》卷十四《僖公十六年传》)

　　而晏婴对齐侯欲使巫祝禳彗星之灾时，则进言曰：

　　　　无益也，只取诬焉。……君无违德，方国将至，何患于彗？……若德回乱，民将流亡，祝史之为，无能补也。(《春秋左传正义》卷五十二《昭公二十六年传》)

　　由此，人事急于神事，民意重于神意的观念深植于中国传统文化之中，并成为历代圣贤、明君无时不以为诫的教训。《礼记·表记》中尝借孔子之口，比较了夏、商、周三代文化的不同特色，其中在述及周文化特色时说：

> 周人尊礼尚施，事鬼敬神而远之，近人而忠焉，其赏罚用爵列，亲而不尊。其民之敝：利而巧，文而不惭，贼而蔽。(《礼记正义》卷五十四)

周文化这一近人而远鬼神的特色影响深远，以至当季路向孔子问"事鬼神"之事时，孔子相当严厉地斥责他说：

> 未能事人，焉能事鬼！(《论语·先进》)

而当孔子在回答樊迟问"知"时，则又表示：

> 务民之义，敬鬼神而远之，可谓知矣。(《论语·雍也》)

"务民之义"是"人有其治"的具体体现，人之治如果搞不好，鬼神也是无能为力的。因此说，只有懂得近人而远鬼神，把人事放在第一位，切实做好它，才能称之为"知"。这也许就是为什么在中国传统中，把政权看得比神权更重的文化上的根源。

四

"礼"起源于祭祀，与原始宗教有着密切的关系，这是毫无疑问的。然而"礼"在中国传统文化的发展历程中，则是越来越富于人文的内涵，乃至最终成为体现中国传统文化人文精神的主要载体之一。"礼"通过祭祀，从消极方面来讲，是为了祈福禳灾；而从积极方面来讲，则是为了报本。报什么本？荀子的论述是十分值得注意的。他说：

> 礼有三本：天地者，生之本也；先祖者，类之本也；君师者，治之本也。无天地恶生？无先祖恶出？无君师恶治？三者偏亡，焉无安人。故礼，上事天下事地，尊先祖而隆君师，是礼之三本也。（《荀子·礼论》）

把君师之治作为礼之本，一方面是以礼制形式来落实人与天地参的思想；另一方面又是使"礼"包含了更多的人文内涵。"礼"字在《论语》一书中凡七十四见，然除了讲礼如何重要和如何用礼之外，对礼的具体涵义没有任何表述。即使当林放提出"礼之本"这样的问题，孔子也只是回答"礼，与其奢也，宁俭"（《论语·八佾》），仍然只是如何用礼的问题。《孟子》一书中"礼"字凡六十八见，其中大部分也是讲如何用礼的问题，只有几处稍稍涉及到一些礼的具体涵义，如说："辞让之心，礼之端也"（《孟子·公孙丑上》）；"恭敬之心，礼也"（《孟子·告子上》）；"男女授受不亲，礼也"（《孟子·离娄上》）；"礼之实，节文斯二者（指仁、义）是也"（同上）。荀子是中国传统文化中"礼"学的奠基者。《荀子》一书中"礼"字凡三百余见，全面论述了礼的起源，礼的教化作用，礼的社会功能等等，尤其是突出地阐发了礼的人文内涵。如，他对礼的起源的论述，完全抛开了宗教的解释。他说：

礼起于何也？曰：人生而有欲，欲而不得，

则不能无求，求而无度量分界，则不能不争。争则乱，乱则穷。先王恶其乱也，故制礼义以分之，以养人之欲，给人之求。使欲必不穷乎物，物必不屈于欲，两者相持而长，是礼之所起也。(《荀子·礼论》)

据此，在荀子看来，礼的主要内容就是我们在上文提到过的"明分"，或者说"别"。所谓"别"或"明分"就是要使社会形成一个"贵贱有等，长幼有差，贫富轻重皆有称者也"(同上)的伦序。荀子认为，确立这样的伦序是保证一个社会安定和谐所必需的：

然则，从人之欲，则势不能容，物不能赡也。故先王案为之制礼义以分之，使有贵贱之等，长幼之差，知愚能不能之分，皆使人载其事而各得其宜，然后使谷禄多少厚薄之称，是夫群居和一之道也。(《荀子·荣辱》)

毫无疑问，荀子这里所讲的礼，充满了宗法

等级制度的内容，是我们今天要批判、要抛弃的。然而，我们也无法否定，任何一个社会都需要有一定的伦序，否则这个社会是无法安定和谐的。因此，荀子关于"皆使人载其事而各得其宜，然后使谷禄多少厚薄之称"，从而达到"群居和一"的理想，也还是有值得我们今天批判继承的地方。

荀子阐发的礼的人文内涵，在中国传统文化中，特别是儒家文化中，有着极为深远的影响。从而在中国文化传统中，常常是把那些带有宗教色彩的仪式纳入到礼制中去，而不是使礼制作为宗教的一种仪轨。试举一例以明之。如，荀子对于人问"雩而雨何也"回答："无何也！犹不雩而雨也。"这是大家都很熟悉的一则典故。"雩"原是一种宗教色彩很浓的求雨仪式，荀子在这里虽然明确表示了"犹不雩而雨也"的意见，但他并没有完全否定这种仪式，只是认为不应当把它神化。换言之，如果把它作为一种礼的仪式，荀子认为还是有意义的。请看荀子紧接着此问后所阐发的一个重要论点：

日月食而救之，天旱而雩，卜筮然后决大事，非以为得求也，以文之也。故君子以为文，而百姓以为神。以为文则吉，以为神则凶也。（《荀子·天论》）

这里所谓的"文"，是"文饰"的意思，相对于"质朴"而言，"礼"为文饰之具，"文"为有礼的标志。荀子这段话的主旨，就是强调要把救蚀、雩雨、卜筮等带有原始宗教色彩的仪式作为一种具有人文意义的"礼"仪来看待，而不要把它作为一种求助于神灵的信仰仪式去看待。

人们常常把荀子的这段话与《周易·观卦·象传》中的"圣人以神道设教"说联系在一起，这是有一定道理的。但是，通常人们对"神道设教"的解释，则似乎并不符合其原义。按照一般的解释，这句话的意思是说，圣人借"神"道以教化百姓。把"圣人以神道设教"一句中的"神"字，与上述荀子《天论》中"百姓以为神"的"神"字，看成是相同的意思。其实，这里有误解。"圣人以神道设教"一句中，"神道"是一个词，而不是单独以"神"

为一个词。试观其前后文即可明白矣。文曰："观天之神道，而四时不忒；圣人以神道设教，而天下服矣！"这里明白地可以看到，所谓"圣人以神道设教"一句中的"神道"，就是前文中"天之神道"的"神道"。何为"天之神道"？也就是文中所说的"四时不忒"，亦即自然运行法则。因此，所谓"圣人以神道设教"，即是圣人则天，以"四时不忒"之道来作为教化的原则。

值得注意的是，效法天道自然法则正是传统"礼"论中的中心内容之一。如《礼记·丧服四制》中说：

> 凡礼之大体，体天地、法四时、则阴阳、顺人情，故谓之礼。訾之者，是不知礼之所由生也。(《礼记正义》卷六十三)

由此可见，《周易》中所讲的"神道"，与荀子文中所表扬的"君子以为文"的精神是相一致的，而与其所批评的"百姓以为神"的"神"字意思则是根本不一样的。

以"卜筮然后决大事"为"文"而不以为"神"，这也是体现中国传统文化人文精神的一个突出例子。"卜筮然后决大事"本来是一件"神"事，然而现在却把它纳入了"文"事。"文"事者，"非以为得求也"。这样，"卜筮"所决之事也就失去了它的绝对权威性，而成为只具有一定参考价值的意见。于是，"卜筮"作为一种礼仪形式的意义，也就远远超过了依它来"决大事"的意义。

把卜筮纳入"礼"中，确实有借"神"道以设教的意图。如，《礼记·曲礼》中有这样一段话：

卜筮者，先圣王之所以使民信时日、敬鬼神、畏法令也，所以使民决嫌疑、定犹与（豫）也。（《礼记正义》卷三）

这里把"畏法令"也作为卜筮的一项内容，其教化的意义是十分明显的。因而，与此相关，对于利用卜筮来蛊惑人心者，则制定了严厉的制裁条例来禁止它。如，《礼记·王制》中规定：

析言破律，乱名改作，执左道以乱政，杀；作淫声、异服、奇技、奇器以疑众，杀；行伪而坚，言伪而辩，学非而博，顺非而泽，杀；假于鬼神、时日、卜筮以疑众，杀。此四诛者，不以听。(《礼记正义》卷十三)

文中所谓"此四诛者，不以听"的意思是说，对于这四种人不用听其申辩即可处以死刑。

至此，中国传统文化和哲学中上薄拜神教的人文精神，应当说已经反映得相当充分了。

五

关于中国专统文化和哲学中下防拜物教的人文精神，则大量地体现在儒、道、佛三教的有关心性道德修养的理论中。中国传统文化之所以注重并强调心性道德修养，这是与中国历代圣贤们对人的本质的认识密切有关的。上面我们曾引过一段荀子论人"最为天下贵"的文字，在那段文字里，荀子把天下万物分为四大类：一类是无生命的水火，一类是有生命而无识知的草木，一类是有生命也有识知的禽兽，最后一类就是不仅有生有知而更是有义的人类。"义"是指遵循一定伦理原则的行为规范，如荀子说的"仁者爱人，义者循理"（《荀子·议兵》）；"夫义者，所以限禁人之为恶与奸者也。……夫义者，内节于人而外节于万物者也"（《荀子·强国》）等等。在荀子看来，这就是人类与其他万物，特别是动物（禽兽）的根本区别之所在。荀子的这一观点是很有代表性的。在中国传统文化中，绝大部分的圣贤都持这样的观点，即把是否具有伦理观念和道德意志看作人的本质，作为区别人与动物的根本标志。孟子也说过：

　　人之所以异于禽兽者几希，庶民去之，君子存之。（《孟子·离娄下》）

　　那不同于禽兽的一点点，就是人的伦理意识和道德感情。孔子在回答子游问孝时尝说：

今之孝者，是谓能养。至于犬马，皆能有养；不敬，何以别乎？（《论语·为政》）

孟子则说：

人之有道也，饱食、暖衣、逸居而无教，则近于禽兽。（《孟子·滕文公上》）

孔、孟的这两段论述都是强调，只有具有自觉的伦理意识和道德感情，才能把人的行为与禽兽的行为区别开来。对此，荀子更有进一步的论述，他说：

人之所以为人者，何已也？曰：以其有辨也。饥而欲食，寒而欲暖，劳而欲息，好利而恶害，是人之所生而有也，是无待而然者也，是禹桀之所同也。然则，人之所以为人者，非特以二足而无毛也，以其有辨也。今夫狌狌形状亦二足而无毛也，然而君子啜其羹、食其胾。故人之所以为人者，非特以其二足而无毛也，以其有辨也。夫禽兽有父子而无父子之亲，有牝牡而无男女之别。故人道莫不有辨，辨莫大于分，分莫大于礼，礼莫大于圣王。(《荀子·非相》)

《礼记·曲礼》发挥这一思想，亦强调人当以礼来自别于禽兽：

鹦鹉能言，不离飞鸟；猩猩能言，不离禽兽。今人而无礼，虽能言，不亦禽兽之心乎？夫唯禽兽无礼，故父子聚麀。是故圣人作，为礼以教人。使人以有礼，知自别于禽兽。(《礼记正义》卷一)

宋儒吕大临阐发《曲礼》这段话的思想：

夫人之血气嗜欲，视听食息，与禽兽异者几希，特禽兽之言与人异尔，然猩猩、鹦鹉亦或能之。是则所以贵于万物者，盖有理义存焉。圣人因理义之同，制为之礼，然后父子有亲，君臣有义，男女有别，人道之所以立，而与天地参也。纵恣怠敖，灭天理而穷人欲，将与马牛犬彘之无辨，是果于自暴自弃而不齿于人类者乎！(《礼记集解》卷一)

明儒薛瑄也说：

人之所以异于禽兽者，伦理而已。何谓伦？父子、君臣、夫妇、长幼、朋友五者之伦序是也。何谓理？即父子有亲、君臣有义、夫妇有别、长幼有序、朋友有信五者之天理也。于伦理明而且尽，始得称为人之名。苟伦理一失，虽具人之形，其实与禽兽何异哉！盖禽兽所知者，不过渴饮饥食、雌雄牝牡之欲而已，其于伦理则蠢然无知也。故其于饮食雌雄牝牡之欲既足，则飞鸣蹒躅、群游旅宿，一无所为。若人，但知饮食男女之欲，而不能尽父子、君臣、夫妇、长幼、朋友之伦理，即暖衣饱食，终日嬉戏游荡，与禽兽无别矣。(《文清公薛先生文集》卷十二《戒子书》)

吕、薛二氏的论说，足以代表宋明理学家们关于人的本质的基本观点。从以上的论述中，我们可以看到，历代思想家们一致强调，明于伦理是人与禽兽区别的根本标志。进而更认为，但求物欲上的满足，则将使人丧失人格而沦为禽兽。所以，对于人的伦理与物欲的关系问题，一直成为中国传统文化和哲学中最重要的主题之一。这也就是为什么在中国传统文化中，尤其是儒家文化中，把人格的确立（以区别于禽兽）和提升（以区别于一般人）放在第一位，而且把伦理观念、道德规范的教育和养成看作是一切教育之基础的根源之所在。

事实上，在中国历代圣贤的心目中，正确认识和处理伦理与物欲的关系问题是确立人格和提升人格的关键。对于这一问题，在中国传统文化中大致是从三个层次来进行探讨的。一是理论层次，讨论"理"、"欲"问题；一是实践层次，讨论"义"、"利"问题；一是修养（教育）层次，讨论"役物"、"物役"问题。在中国传统文化中，有关这方面的内容是极其丰富的。概括地讲，在理论上以"以理制欲"、

"欲需合理"说为主流，部分思想家将其推至极端，而提出了"存理灭欲"说；在实践上以"先义后利"、"重义轻利"说为主流，部分思想家将其推至极端，而提出了"正其谊不谋其利，明其道不计其功"之说；在修养上则概以"役物"为尚，即做物欲的主人，而蔑视"物役"，即沦为物欲的奴隶。

由于部分宋明理学家，如程朱等，在理欲问题上过分地强调"存天理灭人欲"，因而不仅遭到历史上不少思想家的批评，更受到了近现代民主革命时代思想家的激烈批判，斥其为压制人性、无视人性，这是历史的需要，完全是应当的。但是，我们如果全面地来检视一下中国传统文化中有关"理"、"欲"关系的理论，则很容易就可以发现"存理灭欲"之说实非据于主流地位。若如程朱等所说，必待灭尽人欲方能存得天理，即使以此为极而言之之说，其理论上之偏颇也是显而易见的。人们尝以为程朱之说发轫于《礼记·乐记》，如与朱熹同时之陆九渊就认为：

天理人欲之分，论极有病。自《礼记》有此

言，而后人袭之。（《陆九渊集·语录下》）

又说：

天理人欲之言，亦自不是至论。若天是理，人是欲，则是天人不同矣。此其原盖出于老氏。《乐记》曰："人生而静，天之性也；感于物而动，性之欲也。物至知知，而后好恶形焉。不能反躬，天理灭矣。"天理人欲之言，盖出于此。《乐记》之言，亦根于老氏。（《陆九渊集·语录上》

理学家之谈天理人欲或根于《乐记》，然程朱等所谈之天理人欲关系与《乐记》所论之天理人欲关系已经有了很大的不同。《乐记》所论曰：

人生而静，天之性也；感于物而动，性之欲也。物至知知，然后好恶形焉。好恶无节于内，知诱于外，不能反躬，天理灭矣。夫物之感人无穷，而人之好恶无节，则是物至而人化物也。人化物也者，灭天理而穷人欲者也。于是有悖逆诈伪之心，有淫佚作乱之事。是故强者胁弱，众者暴寡，知者诈愚，勇者苦怯，疾病不养，老幼孤独不得其所，此大乱之道也。是故先王之制礼乐，人为之节。(《礼记正义》卷三十七)

对照陆九渊所引本节之文，人们可以看到陆氏引文中略去了"好恶无节于内，知诱于外"一句，然而这一句恰好是《乐记》本节所论旨趣之关键所在。《乐记》并未否定人感于物而动的性之欲，它只是否定那种好恶无节于内，知诱于外，且又不能反躬的人。这样的人，在它看来就是在无穷的物欲面前，不能自我节制，而被物支配了的人，亦即所谓"物至而人化物也"。人为物所支配，为了穷其人欲，那就有可能置一切伦理原则于不顾，而做出种种背离伦理的事来。为此，《乐记》才特别强调了"制礼乐，人为之节"的重要和必要。

《乐记》的这一思想，很可能来源于荀子。上面我们曾引用过荀子一段论述关于礼的起源的文字，在那里他肯定了"人生而有欲，欲而不得，则不能无求"。但同时他又指出，如果"求而无度量分界"，那就会造成社会的争乱。因此，需要制订礼义来节制之，以达到"养人之欲，给人之求"的理想。由此可见，如果说在程朱理学的"存天理灭人欲"命题中具有禁欲主义意味的话，那么在《乐记》和荀子那里并无此意。《乐记》主张是"节欲"，而荀子则除了讲"节欲"外，还提出了"养欲"、"导欲"、"御欲"等一系列命题，"节欲"理论甚是丰富。

荀子提出"节用御欲"的命题，是强调人们在消费时应当有长远的后顾之忧，时时控制欲求，节约消费。他说：

> 人之情，食欲有刍豢，衣欲有文绣，行欲有舆马，又欲夫余财蓄积之富也。然而穷年累世不知足，是人之情也。今人之生也，方知畜鸡狗猪彘，又畜牛羊，然而食不敢有酒肉；余刀布，有囷窌，然而衣不敢有丝帛；约者有筐箧之藏，然而行不敢有舆马；是何也？ 非不欲也！ 几不长虑顾后，而恐无以继之故也。于是又节用御欲，收敛蓄藏以继之也。是于己长虑顾后，几不甚善矣哉！（《荀子·荣辱》）

荀子尝指出，那些提出"去欲"、"寡欲"主张的人，其实是他们在实践中没有能力对人们的欲望加以引导和节制的表现。他说：

> 凡语治而待去欲者，无以道欲，而困于有欲者也。凡语治而待寡欲者，无以节欲，而困于多欲者也。(《荀子·正名》)

他还认为，欲求是人生来就具有的，问题在于你的欲求合理不合理。如果合理，那么再多的欲求也不会给社会带来问题；如果不合理，那么再少的欲求也会给社会造成混乱。他说：

> 欲不待可得，所受乎天也；求者从所可，所受乎心也。……故欲过之而动不及，心止之也。心之所可中理，则欲虽多，奚伤于治？欲不及而动过之，心使之也。心之所可失理，则欲虽寡，奚止于乱！(同上)

总之，荀子认为：

性者，天之就也；情者，性之质也；欲者，情之应也。以所欲为可得而求之，情之所必不免也。……欲虽不可尽，可以近尽也；欲虽不可去，求可节也。（同上）

荀子的这些思想是合理而深刻的，对于后世的影响也是极其深远的。宋明以往批判程朱"存理灭欲"说者，其基本理论并未超过荀子多少。试举一二以见其概，如明儒罗钦顺尝论曰：

夫人之有欲，固出于天，盖有必然而不容已，且有当然而不可易者。于其所不容己者而皆合乎当然之则，夫安往而非善乎？惟其恣情纵欲而不知反，斯为恶尔。先儒多以去人欲、遏人欲为言，盖所以防其流者，不得不严，但语意似乎偏重。夫欲与喜怒哀乐，皆性之所有者，喜怒哀乐又可去乎？（《困知记》卷下）

又如，清儒戴震在批判程朱的"存天理灭人欲"说，以及解释《乐记》"灭天理而穷人欲"一语时说：

> 性，譬则水也；欲，譬则水之流也。节而
> 不过，则为依乎天理，为相生养之道，譬则水
> 由地中行也；穷人欲而至于有悖逆诈伪之心，有
> 淫泆作乱之事，譬则洪水横流，泛滥于中国
> 也。……天理者，节其欲而不穷人欲也。是故欲
> 不可穷，非不可有；有而节之，使无过情，无不
> 及情，可谓之非天理乎！(《孟子字义疏证》卷上)

此外，道家等从养生的角度也讲述了不少有关
"节欲"、"养欲"的道理，对于丰富传统文化中的
"节欲"理论也是很有价值的。

> 昔先圣王之为苑囿园池也，足以观望劳形
> 而已矣；其为宫室台榭也，足以辟燥湿而已矣；
> 其为舆马衣裘也，足以逸身暖骸而已矣；其为饮
> 食酏醴也，足以适味充虚而已矣；其为声色音乐
> 也，足以安性自娱而已矣。五者，圣王之所以
> 养性也，非好俭而恶费也，节乎性也。(《吕氏

春秋·重己》）

　　天生人而使有贪有欲，欲有情，情有节，
圣人修节以止欲，故不过行其情也。（《吕氏春
秋·情欲》）。

　　在荀子之前就流传着这样的教训，即所谓：
"君子役物，小人役于物。"荀子对此解释说：

　　志意修则骄富贵，道义重则轻王公，内省
而外物轻矣！传曰："君子役物，小人役于物。"
此之谓矣。（《荀子·修身》）

　　这句话的意思是说，注重精神修养和伦理实
践的人则轻视富贵地位，也就是说，注重内心反
省的人，对身外之物是看得很轻的。历代相传的
"君子支配物，小人被物支配"，就是这个意思。做
"役物"的"君子"，还是做"役于物"的"小人"，
这是人格修养上必须明辨的问题。荀子进一步对
比此二者说：

志轻理而不〔外〕重物者，无之有也；外重物而不内忧者，无之有也；行离理而不外危者，无之有也；外危而不内恐者，无之有也。……故欲养其欲而纵其情，欲养其性而危其形，欲养其乐而攻其心，欲养其名而乱其行，如此者，虽封侯称君，其与夫盗无以异；乘轩戴絻，其与无足无以异。夫是之谓以己为物役矣。(《荀子·正名》)

反之：

心平愉，则色不及佣而可以养目，声不及佣而可以养耳，蔬食菜羹而可以养口，粗布之衣、粗绤之履而可以养体，屋室庐庾葭稿蓐尚机筵而可以养形。故无万物之美而可以养乐，无势列之位而可以养名。……夫是之谓重己役物。(同上)

这种不为物累，勿为物役的思想在佛、道理论系统中更是俯拾皆是，此处暂不赘述。然至此，中国传统文化和哲学中下防拜物教的人文精神，应当说也已经反映得相当充分了。

人不应当"役于神"，更不应当"役于物"，人应当有自己独立的人格。有不少人以为，依仗现代高科技，人类已经可以告别听命于"神"的历史，人类已经可以随心所欲地去支配"物"的世界了。然而，我们如果冷静地看看当今世界的现实，则恐怕就不会这样乐观了。"役于神"的问题是极其复杂的，绝非单纯的科技发展就能解决的。君不见，当今世界各大有神宗教，凭借着社会经济增长的实力后盾，几乎与现代高科技同步高速发展，且新兴宗教层出不穷。"役于物"的问题，则随着现代高科技的发展，人类向"物"的世界索取手段的不断提高，因而对于物的欲求也在进一步的膨胀。更何况当今世界是一个讲求实力的时代，全世界的经济实力竞争，把全人类逼上了"役于物"的险途而尚不能自反。

众所周知，十八世纪欧洲的启蒙运动，高扬人本主义去冲破中世纪神本文化的牢笼，然而诚如当时那些主要思想家所言，他们倡导的人本主义，从中国儒、道哲学的人文精神中得到了极大的启发和鼓舞。而当今东西方思想家注目于中国传统文化和哲学，恐怕主要是想借助中国传统文化和哲学中的人文精神来提升人的精神生活、道德境界，以抵御由于物质文明的高度发展而带来的拜金主义和拜物教，以及由此而造成的人类的自我失落和精神空虚。我想，这大概也就是中国传统文化中的人文精神为什么还值得人们在今日来认真研究一番的理由吧！

对于二十一世纪
中国文化建构的思考

一

当今不少人都在预言说，二十一世纪是"亚太"的世纪，是"亚洲"的世纪，乃至是"东亚"的世纪，并认为东方文化，尤其是汉字圈文化，将成为下一世纪的文化主流等等。对于这些预言的准确性（或者说科学性）究竟如何，我不想妄加评议，因为这是需要由下一世纪的事实去证实的。但我深信，这些预言的出现则绝非偶然，更不是少数东方知识分子的自大狂或所谓的"民族主义"情结，而是有其深刻的历史原因和现实依据的。

简而言之，一是随着二十世纪下半叶以来东方民族、国家在政治、经济地位上的变化，在文化上也开始有所自觉，恢复了对自己民族悠久文化传统的自尊和自信；二是世界经济和科技的高速发展，在创造丰富物质财富的同时，也带来了比以往历史上任何时期更为严重的世界性的社会问题和人类生存环境问题，因而迫使人们对于当今世界的文化建构，特别是其中作为主流的西方文化加以必要的检讨，并由此而意识到东方文化对西方文化的互补性，以及东方文化在世界文化建构中的不可或缺的地位。

我认为，在思考二十一世纪中国文化建构的问题时，有必要首先对中国文化在二十世纪中所走过的道路进行一番深刻的反思，然后才能对下一世纪中国文化应走的道路有一较为清晰和自觉的认识。

毋庸讳言，与亚洲东方所有国家一样，从总体上来说，二十世纪中国文化走的是一条以接纳西方文化为主的道路。中国的末代王朝——清王朝，在经过康熙、乾隆、嘉庆三朝盛世后，自道光朝起开始走下坡路，朝政日趋腐败，国力日益衰弱。当时一些有眼光的思想家，也已深刻地觉察到了清王朝和中国面临的严重危机。如著名思想家龚自珍于鸦片战争前夕在揭露当时清王朝的腐败和中国社会面临的严重危机后，就深刻地指出：

即使英吉利不侵不叛，望风纳款，中国尚且可耻而可忧。（《定庵文集补编》卷四《与人笺（八）》）

这样的政府是无法防止内乱和抵御外侮的。一八四一年鸦片战争的失败，彻底暴露了中国封建制度的腐朽没落，同时也暴露了中国传统文化结构上"重道轻器"的偏颇和弱点。所以，当时的一些进步思想家就提出了"师夷之长技以制夷"（魏源《海国图志》）的主张，强调学习西方列强"船坚炮利"的器物文化。以后，清王朝内部洋务派所搞的洋务运动，主要也就是引进西方有关制造枪炮、机械等方面的器物文化。在他们看来，中国的政治制度、人伦道德、社会习俗等方面不仅不可改变，而且其传统远优于西方，因此也不必改变。于是，他们用中国传统哲学中的"体"、"用"范畴，把中国传统的"治统"和"道统"归之于"体"，把西方科技、器物文化归之于"用"，并提出了"中体西用"（《劝学篇·外篇·设学第三》）的根本方针。

一八九四年中日甲午战争中中国的失败，把洋务派三十年来从事洋务运动的心血毁于一旦，因而也就使人们对洋务派所遵循的"中体西用"的方针提出了疑问。如，严复于当时即撰文批驳"中体西用"论在逻辑上和实践上的谬误，以及中西学各自"体"、"用"之间存在着不可分割的关系和不可随意嫁接的道理，从而强调指出，若要以西学为用，则必须同时接受西学之体，否则就是一种"牛体马用"的谬想。他说：

善夫会匣袠可桴孝廉之言曰：体用者，即一物而言之也。有牛之体，则有负重之用；有马之体，则有致远之用。未闻以牛为体，以马为用者也。……故中学有中学之体用，西学有西学之体用，分之则并立，合之则两亡。（《严复集》

第三册《与〈外交报〉主人书》)

这时，人们心目中的西学之体，主要是有关于西方社会、政治制度层面的东西，亦即上文所说的"治统"方面的文化，如民主、自由，立宪、共和等。因而，从戊戌变法到辛亥革命，从康有为到孙中山，他们关注的是对封建政体的局部改良抑或根本的改变。近代中国人的学习西方文化，由此而深入了一个层次。

然而，历史的演进并未就此而止。戊戌变法的惨败和辛亥革命胜利果实为袁世凯所窃取的现实，迫使人们进一步来思考中国传统文化中最深层次的"道统"问题。因此，由一九一五年开始的新文化运动，发起了对中国传统文化的全面检讨，内容主要集中在经过宋明理学系统化了的封建宗法、专制制度与封建伦理纲常观念、道德规范等方面。同时，则开始全面学习西方文化，特别是西方资本主义的平等、民主、自由的政治制度、学术风气以及个人主义的价值观等等。此时，经由欧洲及日本，学术界也已接触到了马克思主义社会主义理论，而一九一七年俄国十月革命的胜利，则进一步推动了马克思主义社会主义思想在中国的传播。一九一九年爆发的五四运动，一面高举"德先生"（Democratic，民主）和"赛先生"（Science，科学）两面大旗，一面则大声疾呼"打倒孔家店"和彻底粉碎"吃人的旧礼教"，把批判传统文化和接纳西方文化的社会运动推向了一个新的高潮。

自此以后，确定了二十世纪中国文化结构以接纳西方文化为主的基本格局。这不仅是指社会生产方式以及经济制度、政治制度的改变，更主要是体现在社会各种观念上的变更，尤其是传统价值观念上的变更。由于第一次世界大战暴露了西方资本主义文明的种种问题，以及受俄国十月革命的胜利与当时流行的无政府主义和马克思主义思潮的影响，二十年代初在中国思想界的一部分人中曾一度出现过对西方文明"完美"幻想的破灭和对东方文化、中国文化的反思。其中，一九二〇年初梁启超旅欧回来后发表的《欧游心影录》和一九二一年出版的梁漱溟的《东西文化及其哲学》是最具代表性的两部著作。然而，在当时急盼中国富强与现代化国人的目光中，西方列强是现代化富强国家的样板，因而很自然地在许多人的观念中也就把西方化和现代化看成了一回事，要现代化就一定要西方化，只有引进西方文化才能使中国现代化。于是，从二十年代末至三十年代中，又展开了一场有关西方化和现代化，以及西方文化与中国本位文化问题的大讨论，罗荣渠先生主编的《从"西化"到现代化》一书对此有详尽的介绍。

此时，有一部分学者明确提出了"全盘西化"的口号。如，一九三三年底当时中山大学教授陈序经在一篇题为《中国文化之出路》的演讲中把那时国内学术界关于中国文化的主张分析为三派，即所谓"复古派——主张保存中国固有文化的"；"折衷派——提倡调和办法中西合璧的"；"西洋派——主张全盘接受西洋文化的"。而他自己则是"特别主张第三派的，就是要中国文化彻底的西化"。他认为：

现在世界的趋势，既不容许我们复返古代

的文化，也不容许我们应用折衷调和的办法，那么，今后中国文化的出路，唯有努力去跑彻底西化的途径。(《广州民国日报》1934年1月15日)

而中国文化必须"全盘西化"的理由，他强调两点：一是"西洋文化，的确比我们进步得多"；二是"西洋现代文化，无论我们喜欢不喜欢去接受，它毕竟是现在世界的趋势"。从当时历史情况来讲，第二点理由是很有道理的，而第一点则不尽然了。特别是他申言之说：

西洋文化无论在思想上、艺术上、科学上、政治上、教育上、宗教上、哲学上、文学上，都比中国的好。就是在衣、食、住、行的生活上头，我们也不及西洋人的讲究。(《广州民国日报》1934年1月15日)

在西洋文化里面，也可以找到中国的好处；反之，在中国的文化里未必能找出西洋的好处。

（《广州民国日报》1934年1月15日）

这些申述，显然是极其片面的。然而，"全盘西化"口号提出后，一时附和者却甚多。以至连胡适对陈序经说他只是"折衷派中之一支流"，而"不能列为全盘西化派"的分析，还特地加以声明说："我是主张全盘西化论的"，"我是完全赞成陈序经先生的全盘西化论的"（《独立评论》第142号，1935年3月17日）。与此同时，也有不少学者对"全盘西化"论提出了批评和不同的看法，乃至针锋相对地提出了建设"中国本位文化"的口号。

一九三五年初，王新命、何炳松、萨孟武等十位教授发表了一个"中国本位的文化建设宣言"。"宣言"劈头第一句话就说："在文化的领域中，我们看不见现在的中国了。"甚至认为："从文化的领域去展望，现代世界里面固然已经没有了中国，中国的领土里面也几乎已经没有了中国人。"这样激烈的言辞，未免有些危言耸听，并不完全符合当时社会的实际，其目的则是为了提醒世人不能一味模仿外国，而"要使中国的政治、社会和思想都具有中国的特征"。为此，他们提出了"中国本位的文化建设"的要求和办法。要而言之，其基本主张是：

中国是既要有自我的认识，也要有世界的眼光，既要有不闭关自守的度量，也要有不盲目模仿的决心。

不守旧，不盲从，根据中国本位，采取批评态度，应用科学方法来检讨过去，把握现在，创造将来。(《文化建设》第1卷第4期，1935年1月10日)

"中国本位的文化建设"的主张，遭到了"全盘西化"论者的批评，指其是"'中学为体，西学为用'的最新式的化装出现"(《独立评论》第145号，1935年4月7日)。但同时也引起了不少人的关注与赞同，其中一些学者特别强调了在与外来文化接触和吸收中树立"中国本位意识"和"主体意识"的重要性。如有的学者说"没有本位意识，是绝对不可与外来文化接触的"。因此，在建设

"中国本位文化"之前，"还须先建设'中国本位意识'以为前提。若是不然，则我们一切的努力，是要归于白费的。"（《文化建设月刊》第一卷第九期，1935年6月10日）有的学者则说"一个民族失了自主性，决不能采取他族的文明，而只有为他族所征服而已"。因此，只有"恢复中国人的自主性，如此才能有吸收外族文化的主体资格"（《正风半月刊》第1卷第2期，1935年1月16日）。

此外，在这次讨论中，一些学者还特别强调了这样一个观点，即"现代化"不等于"欧化"或"西化"。如说："'科学化'与'近代化'并不与'欧化'同义，所以我们虽科学化近代化而不必欧化。"（《文化建设月刊》第1卷第4期，1935年1月10日）"现代化可以包括西化，西化却不能包括现代化。"（《国闻周报》第十二卷第二十三期，1935年6月17日）。由此，他们认为，就中国的现代化来讲，既要"将中国所有西洋所无的东西，本着现在的智识、经验和需要，加以合理化或适用化"，同时也需"将西洋所有，但在现在并未合理化或适应的事情，与以合理化或适用化"（同上）。以上这些观点和想法，即使在今天也还是有一定启发意义的。

尽管在各次论战中公开宣称要"全盘西化"的人并不是很多，但如上所述，由于历史的原因，把现代化认同于西方化的则至今仍不乏其人。因而在二十世纪以来的社会具体改革实践上和大部分人们的潜在意识上，"全盘西化"事实上占了主导的地位。正由于此，长期以来在中国传统文化的认识和处置方面存在着严重的片面性。

二

应当说，在以往的一个世纪中，中国文化走以西方化为主的道路是有其历史的必然性和必要性的，它对中国社会的进步发展是起了积极的促进作用的。同样，这一时期中对于中国传统文化的清算和批判也有其历史的合理性，因为没有这样的清算和批判，人们很难摆脱几千年来形成的旧观念的束缚。

然而，当我们回过头来冷静地审视与反思一下以往这个世纪中国文化所走过的道路，则就不难发现其中存在着不少认识上和结构上的偏颇。其中最突出的问题，我想是中西文化比重的严重失衡。而最足以说明问题的事实是，从近代实行新式学校教育以来，我们的学校制度、课程设置基本上是仿照欧美（以后又是前苏联）模式，而课程内容也以西方文化为主（数、理、生、化和外语自不必说，史、地是中外对等；音乐、美术的题材可能是中国的，而方法则都是西洋的；中国语文的内容当然都是中国的，然以新文化运动以来的现代题材和范文为主，而所教的语法则几乎全是从西洋语法中套用过来的）。反之，中国传统教育方法（其中有不少优秀的东西值得继承）几乎全被摈弃，中国传统文化方面内容更是少得屈指可数。因此，除大学攻读各类有关中国传统文化专业的学生外，从这样的小学、中学、大学中培养出来的人，如果他又没有课余对中国传统文化不同程度的爱好，那他的知识结构肯定是西洋知识超过中国知识。就在现在，我们还常常可以听到这样的议论：中国知识青年所具有的西方知识远比西方知识青年所具有的中国和东方知识来得丰富，并以此为骄傲。我想，我国知识青年具有较多的西方知识，这无疑是一个优点，值得肯定和赞扬。但是，同时我们也一定听说过，一些西方学者对我国不少大学生、研究生有时连一些最起码的中国传统文化知识也不甚了了所表示的惊愕吧。那么，对此难道就不应当让我们感到羞愧，并引起我们的深刻反省吗？

如上所述，由于近一个世纪以来社会对中国传统文化的认识存在着严重的片面性，造成了长期以来国民基础教育中轻视传统文化教育的偏差。现在是到了纠正这些片面性，重新来认识中国传统文化的时候了。这里需要说明的一点是，我认为以往所出现的对传统文化认识上的片面性，绝不是由个别人造成的，而我们今天提出纠正这些片面性，也并不是说我们比前人高明。事实上，如果没有前人和前一历史时期所走过的弯路，也可能根本就不会有我们今天的这种反思、认识和愿望。这也就是说，我们今天提出的反思和重新认识，主要是着眼于今后中国文化的建构与发展，而不是纠缠于历史的是非。因此，我在这里主要也是从历史发展的角度来探讨有关重新认识中国传统文化的问题，不一定涉及许多传统文化的具体内容。

人们习惯地把当今世界文化现象概括分之为东西方文化两大类型，而从历史发展的角度来追述，则又常常概括为五大文化圈乃至二十多种文化类型等等。中西文化之间的差异，从根本上来说是不同类型文化之间的差异。然而，这种不同类型的文化，在其各自的历史发展过程中，由于所在地区、民族、国家具体历史进程的差异，当人们在同一时段内对他们进行比较时，则又会显现出许多时代性差异的特征来。从理论上来讲，当我们对中西文化进行比较时，最主要的是应当注意其类型上的差别，发现其间由此而形成的各自不同特点，以及相互之间的互补性，以推进全人类文化的共同繁荣和发展。但是，要在实践上这样去做并不容易。在以往的一个世纪里，在有关中西文化的争论中，有不少学者都已注意到了中西文化为类型上之不同，并强调不应对西方文化盲目崇拜，对中国传统文化妄自菲薄。然而由于当时中国社会历史发展阶段、经济发展水平整整落后于西方地区和国家一个历史阶段，因此，社会上对中西文化之间的差异，更注意和强调的是两者之间的时代性差异。特别在中国，由于单纯学习西方器物文明（从魏源提出"师夷之长技以制夷"到洋务运动的"中学为体，西学为用"，时间有半个世纪）的彻底失败，维新变法的失败，乃至辛亥革命果实的被篡夺等等，更增进了人们对中国传统文化在时代上落后的想法。这也就是在以往一个世纪中为什么会形成对中国传统文化有如此强烈批判和否定倾向的一个重要历史原因。

现在的时代不同了。二战结束以后，特别是六十年代中期以来，东方地区、民族、国家和社会的情况发生了巨大的变化。这些民族和国家不仅在政治上摆脱了殖民地或半殖民地的地位，取得了独立，而且其中一部分国家在经济上也取得了高速的发展。中国大陆在一九四九年取得政治独立，七十年代末执行改革开放以来，经济上也取得了巨大的发展。这些都说明，东方地区、国家的整个社会发展情况发生了根本的变化，与西方地区、国家相比尽管在许多方面还存在着不同程度的差距，但它已不再是过去那种历史阶段或时代之间的差异了。正是这种政治、经济、社会境况的变化，也促使了东方民族对自己文化传统的反思和自觉，并开始恢复对民族传统文化的自尊和自信。这正是我们所以提出要重新认识中国传统文化的现实根据。

在强调中西文化的时代差异中，最突出的一个问题是民主（或者说自由、平等、民主）思想问题。毫无疑问，在中国传统文化中是找不到近代意义上的民主思想和自由、平等观念的。事实上，西方近代文化中的自由、平等、民主思想，也并非古已有之的，而是在社会发展到以工商资本为主要形态以后，并且通过激烈的社会变革和观念变革才发展起来的。因此，在当时还处于封建社会的中国传统文化中，找不到近代工商资本社会所具有的民主思想观念是一点也不奇怪的。中国人民百年来前赴后继的流血奋斗，正是为了改变这种中西社会和文化上的时代差异问题。尽管今天中西社会在经济和文化发展程度方面还存在着不小的差距，但应当明确一点，这种发展程度上的差距，已不是过去那种时代的差异了。

相对于解决中西文化的时代差异问题，处理中西文化类型上差别的问题要复杂得多。如果说时代上的差异我们可以通过社会变革和观念变革来迎头赶上，乃至消除的话，那么对待文化类型上的差异是不能用"赶上"的方法去解决的，而且可能是永远不能消除的。因为，这种文化类型的差异，是在各自地区、民族、国家文化的长期发展中形成的，它凝聚着不同地区民族的历史传统，体现着不同地区民族的特有性格和精神风貌（诸如生活习俗、礼仪举止、思维方式、价值观念等等），因而它也就会深刻地影响着不同地区、民族、国家今天文化发展的总体方向和特点。在这一问题上是不可能、也不应当强求一致的。当然，这并不是说不同类型文化之间不需要交流，更不是说不同文化类型之间不可能进行交流。事实上，从古到今，不同类型的文化之间无时无刻不在进行着交流。融通是一种交流，冲突也是一种交流。只是，这种交流总是以一种文化为主体去吸取另一种文化中与己有益的营养成分来丰富和发展自己。因此，在不同文化的交流中，主体意识是不能没有的，否则出主而入奴，将沦为他种文化的附庸。

西方近代民主思想并非古已有之，但这并不意味着它与西方传统文化毫无渊源关系。众所周知，西方近代文化发端于欧洲的"文艺复兴"，仅此即可说明西方近代文化的形成，与它对传统文化的继承和发扬有着密切的关系。再有，同样是众所周知的事实，欧洲近代启蒙运动深受东方文化，特别是中国儒家孔子思想的启发。在当时许多欧洲启蒙思想家那里，中国一度成为他们心目中的理想国，儒家伦理被解释为最富民主、平等精神的学说，孔子也被推尊为时代的守护尊者，赞美、景仰之情溢于言表。然而，西方近代文化的发展并没有因此而同化于东方或中国文化，而是在积极吸取中国传统文化中的人文精神等营养以后，发展出了与古希腊、罗马和希伯来传统文化接轨的近代西方文化来。西方近代的人本主义不等同于中国传统文化中的人文精神，西方近代的平等观念也不等同于中国儒家"民胞物与"、"推己及人"

的"泛爱"说，而西方近代的民主思想则更是不等同于中国儒家的民本理念。弄清楚这一点是非常重要的。

以上的事实它至少告诉我们三件事：一、在西方近代文化的发生过程中，曾受到过东方，特别是中国传统文化的极大影响，并吸收了其中某些有益的营养；二、在西方近代文化的发生过程中，曾积极继承和发扬了西方传统文化中的优秀成分，并以西方文化为主体来吸取外来文化营养的，由此而形成的近代文化是一种西方类型的文化；三、在中国传统文化中并不是一点也没有可为近现代民主思想和制度借鉴和启发的东西，相反，它已对西方近代民主思想和制度的生成产生了某种启发作用，因而，只要今人选择和诠释得当，也必将对中国现代民主思想和制度的健全产生良多的启发与借鉴作用。

西方近代文化发生发展的历程是很值得我们深思和借鉴的。学习、借鉴和吸收外来的文化，与继承、发扬传统的文化，应该而且也是可以很好地统一起来的。它既不像某些人所鼓吹的，对外来文化只能全盘接受；也不像某些人所描绘的，中国传统文化落后、腐朽到一无可取之处。

以往一个世纪对中国传统文化有那么激烈批判的另一个重要原因是，当时正值西方实证科学最为兴旺的时期，理性至上与逻辑推理，实证至上与普遍有效等被视为唯一的科学方法，而凡与此不一致者，则被斥之为非理性的、非科学的，甚至是愚昧落后的、神秘主义的，应当被淘汰的。毋庸讳言，中国传统文化的思维方式与实证科学的思维方式相距甚远，于是在那一时代追求实证科学的人们的目光里，中国传统文化就成了落后无用，必然要被淘汰的东西了。而中国传统文化中那些模糊含混、缺乏逻辑推理和神秘主义的思维方式，则更是发展实证科学思维方法的严重阻力，必须彻底批判和清除。

现在，这种情况也在发生变化。现代科学的发展，越来越发现实证科学的方法远不是完满的，更不是唯一的。许多科学家在研究中碰到用实证科学方法无法证明和解释的问题时，正在越来越多地到东方（包括中国）传统文化中那些模糊、混沌的理论与方法中去寻求解答，并且取得了相当可喜和可观的成果。

当代著名化学家，一九七七年诺贝尔化学奖获得者普里高津（Ilya Prigogine），在为他的著作《从混沌到有序》中译本所写的序言中说："中国文明具有了不起的技术实践，中国文明对人类、社会与自然之间的关系有着深刻的理解。"

中国的思想对于那些想扩大西方科学的范围和意义的哲学家和科学家来说，始终是个启迪的源泉。我们特别感兴趣的有两个例子。当作为胚胎学家的李约瑟（Joseph Needham）由于在西方科学的机械论理想（以服从普适定律的惯性物质的思想为中心）中无法找到适合于认识胚胎发育的概念而感到失望时，他先是转向唯物辩证法，然后也转向了中国思想。从那以后，李约瑟便倾其毕生精力去研究中国的科技和文明。他的著作是我们了解中国的独一无二的资料，并且是反映我们自己科学传统的文化特色与不足之处的宝贵资料。第二个例子是尼尔斯·波尔（Niels Bohr），他对他的互补性概念和中国的阴阳概念间的接近深有体会，以至他把阴阳作为他的标记。这个接近也是有其深刻根源的，和胚胎学一样，量子力学也使我们直接面对"自然规律"的含义问题。（转引自《中国印象——世界名人论中国文化》）

其实，普里高津自己可说是第三个例子。此外，八十年代初风行美国的当代著名物理学家卡普拉（F. Capra）所著的《物理学之"道"》，也可称为第四个例子；日本著名物理学家，一九四九年诺贝尔物理学奖获得者汤川秀树，又可称为第五个例子……如此等等，我想不必再多加罗列也已经足够说明问题了。

这也就是说，在中国传统哲学整体直观的朴素方法和谈玄说道的形而上学中，包含着丰富的现代科学理论的"源泉"，只要人们善于发现并诠释之，则将对现代科学发展发生积极的推动作用。不仅如此，从目前的趋势看，东方（尤其是中国）传统文化中天地万物一体的整体自然观，正越来越被世界有见识的哲学家和科学家所重视和接受，它很可能会深刻地影响到整个科学观念的变化。原先按照实证科学机械论所规定的"科学"概念的内涵，也将重新予以审议和规定，至少许多原先被视为所谓"神秘主义"的东方与中国传统文化、哲学中的论题、观念和概念等，不应当再被排斥在"科学"概念之外。

没有民主思想，缺乏科学精神，是新文化运动以来，大部分知识分子对中国传统文化抱有的两个解不开的情结。"五四"时期高举民主与科学两面大旗，正是这种情结的表露。时隔将近一个世纪了，中国社会和文化形态也已发生了根本的变化，世界范围的文化观念也在发生巨大的变化，我想这两个情结也到了应当化解的时候了。因此，当我们致力于学习西方民主与科学的时候，不仅不再应当妄自菲薄，乃至全盘否定自己民族的传统文化，相反，应当积极地发掘自己民族传统文化中的优秀成分，做出合于时代精神的诠释，以贡献于世界未来世纪文化的发展与建设。

三

通过以上的反思和分析，现在可以来谈对于二十一世纪中国文化建构的设想了。我认为，中国在下一世纪的文化建构中必须注意两个方面的问题：一是调整好中西文化的比例，确立中国文化的主体意识，树立对中国文化（包括传统文化）的自尊和自信；二是调整科技文化和人文文化的比例，充分认识人文文化在社会发展和进步中的重要意义，积极扶植和发展人文文化。

关于第一个调整，我想通过以上两部分的分析与论述，应当说已经很清楚了，似无需多讲了。然而，尚需要啰嗦几句的是，时至今日还有那么一些人对中国传统文化抱有各种很深的成见。如对儒家思想，有的人就认为，尽管经过这么长时间的激烈批判，但儒家传统中的封建伦理观念在社会生活的各个方面仍然有着很深的影响，尤其是在那些深层的人际关系中，以及比较闭塞、落后的农村。因此，他们认为，清除儒家传统伦理的影响，引进现代西方的生活规范和伦理观念，仍然是当前思想文化方面的主要任务。于是，一些人就常常把提倡继承和发扬中国传统文化的意见，与所谓的"复古主义"、宣扬"封建意识"等联系起来而加以反对。

不容否认，上述关于传统文化，特别是儒家伦理中那些封建糟粕还在影响着现代社会的揭示，是有一定的事实根据的。事实上，对于传统文化中的糟粕部分及其消极影响，在任何时候也不敢说已经清除干净了这样的话。因为，作为一种曾经存在过的、而且有着广泛深刻影响的历史文化，只要有合适的环境，它就有可能死而不僵，就有可能在现代社会中沉渣泛起，人们对此自不应掉以轻心。然而，我们也绝不能因此而因噎废食，不要或不敢去继承传统文化中的优秀部分，发扬其积极的影响。更何况还有另一方面的事实也在促使人们去深思。那就是，由于以往的过分否定传统（包括儒家）伦理，无论在家庭中还是在社会生活中，有多少人脑子里还有"孝悌"、"忠信"等伦理观念？以至于在一般人的头脑中，特别是青年中，连最起码的家庭、社会伦常观念都不清楚。更有一些人在模糊不清的西方"自由"、"平等"等观念的驱使下，甚至连如何恪尽正常社会分工下个人职业职责的伦理观念都没有。因此，当前很有必要强调一下继承和发扬中华民族的传统美德，并且认真地吸取传统（包括儒家）伦理观念中那些合理的内容，从而建立起符合时代精神的伦理观念和社会伦序。

以上两种不同的认识和估计，应当说都有根据，然而在如何解决问题上则反映出了两种不同的思维方式。以往，人们受"不破不立"，"破字当头，立也就在其中了"的思维方式的影响，把"破"看得比"立"更重要，乃至以为"破"了旧的，新的自然就会"立"起来。因此，长期以来在思想文化方面是"破"多"立"少，"破"强"立"弱，甚至有些方面是有"破"无"立"，其结果则是造成人们在思想文化方面的混乱、迷茫、空白和无所适从。其实，"破"和"立"是既有联系而又不能互相代替的。"破旧"只是为"立新"创造了条件，而并不能替代"立新"。"新"如果"立"不起来，或长期不"立"起来的话，除了会造成上面所说的人们思想上的混乱、迷茫、空白和无所适从之外，已"破"的"旧"还可能会死灰复燃、卷土重来。就这一意义来讲，"立"比"破"更重要，而且通过"立"，人们将全面地检讨前此的"破"，因而也能减少继续再"破"时的盲目性和片面性。

我认为，就当前中国社会来讲，最迫切需要的是要树立起民族文化的主体意识或本位意识，强调继承和发扬中华民族的传统美德，认真研究和吸取传统伦理观念中那些合理的内容，建立起符合时代精神所需要的伦理观念、道德规范和社会伦序。我相信，通过建立和倡导这些新的符合时代精神需要的伦理观念、道德规范和社会伦序，对于继续清除那些残留的、不符合时代需要的旧道德规范和伦理观念，将会更有力、有效。

关于第二个调整，它不仅对中国二十一世纪文化的建构有意义，而且对世界文化的未来发展也具有重要的意义。

二十世纪是科技文化获得空前发展的一个世纪，它在天道（物理）探求方面所取得的成就，超过了以往的所有世纪，这是值得人类为之骄傲的。然而，二十世纪人类在人道（伦理）的探求和建设方面是否也取得了可以与科技成就相提并论的成就呢？这是我们今天要深刻反思的问题。二十世纪上半个世纪接连发生了两次世界大战，当时它引起了世界上许多思想家的反思。许多思想家对以西方文化为主导的文化取向一度发生了疑问，出现了一股新人文主义的思潮，出现了一批向往东方文化人文精神的思想家。上文提到的我国二三十年代的那场中西文化大讨论，也与这一时代背景有着密切的关系。当时，有些中国学者已深刻地认识到，单纯的科技文化的发展并不能真正地、完全地解放人类。瞿秋白说：

> 技术和机器说是能解放人类于自然权威之下，这话不错，然而他不能调节人与人之间的关系。资本主义时代的科学尤其只用在人与自然之间的技术上，而不肯用到或不肯完全用到人与人之间的社会现象上去。
>
> 技术的发明愈多，人类的物质的需要也愈

多——如此辗转推移，永无止境。

　　文明人不但没有从物质生活解放出来，反而更受物质需要各方面的束缚锁系。以全社会而论，技术文明始终只能解放一部分的人。(《东方杂志》第21卷第1号，1924年1月）

　　这些分析，即使在今天也还是极具启发性的。但是，在二十世纪的下半个世纪，随着高新科技的高速发展，物对人的引诱力和支配力是越来越强大了，注重人伦道德的人文精神被追逐物欲的浪潮所淹没，人文学科也由此而受到冷落。二十世纪文化发展的总趋势，仍然如英国著名历史学家汤因比所说的，是对科技的崇拜。

　　在当今新知识层出不穷、瞬息万变的信息时代，人们如果在科技文化知识方面不能不断提高和更新的话，则必将为时代所淘汰。但是，在人们不断提高和更新科技文化知识的同时，也不能回避这样一个问题，即这些高、新、精、尖的科技知识，在迅速提高人们的物质生活的同时，是否有利于改善人类的整体生存环境，是否有助于人类的精神生活的提升？许多有见识的人们发现，人类创造的现代高科技，不单纯是一种征服自然的力量，反过来也会成为控制和支配人类自身的一种强大的力量。人类征服自然的手段和力量越来越强大，同时也越来越依赖这些手段，以及人为环境。于是，只要这种人为环境中的任何一个环节出现一点小问题，都有可能使整个社会和个人生活陷于瘫痪。这也就是说，人类正在不断地沦为自己所创造出来的高新科技的奴隶，个人、社会和国家正在不断丧失自我和个性。由此而造成的种种社会问题，是当今世界的危机。

其实，由科技发展带来的种种严重社会问题，其责任并不在科技发展本身，而在于发展科技的人，在于现代人的价值取向。无可否认，当今世界是一个讲求实力的时代，全世界的实力竞争，把全人类逼上了一条无限追求物质增长的险途而不知返。由此，追求物质财富和生活享受也就成了绝大多数现代人的主要人生目标，而在某些人那里甚至是唯一的目标。在这样的价值观念支配下，一切都只是为了功利，为了生活享受。因此，自然环境和科技手段都只不过是达到人们某种功利和享受的资源和工具，可以不顾一切后果地去攫取它。更有甚者，在这种价值观的支配下，他人也只不过是一种物，一种资源，一种相互利用的关系而已。于是，人与自然的关系，人与人的关系，都被严重地扭曲了。因此，要克服和摆脱这种人类创造力的自我异化，单靠科技的发展是无法解决的，而只有重兴人文精神，重塑现代人的价值取向才有可能。正是有鉴于此，我认为中国二十一世纪文化建构的方向，应当大力加强人文文化建设的力度，充实人们的精神生活，健全社会的文化结构。

楼先生说

◎文化是一把双刃刀，有好的一面，也有不好的一面，关键看人怎么去运用它。

◎中国文化强调"致中和"，注重配合、平衡。文化之间不仅有交流，也存在竞争。

◎个人道德准则四要素：第一，要有羞耻心。第二，要讲诚信。第三，作为一个人要讲最起码的气节。第四，应该懂得感恩。

◎只有用中道，才能辩证地去看各种文化中的异同，才能让各种文化相互间取长补短。在取长补短中再相互推动发展，结果是你中有我，我中有你，你又是你，我又是我，这是最圆满的结果。

◎中国文化有两大优良传统：一个是以史为鉴；另一个是以天为则。以史为鉴就是以历史作为一面镜子，以天为则就是以天地万物作为效仿的榜样，做任何事情都不要违背事物的本性。

◎《论语》中提道："未能事人，焉能事鬼！……未知生，焉知死"；"敬鬼神而远之，可谓知矣"。历史上称儒、释、道为三教，教，就是所谓的人文教化。儒家思想强调修身，要以人为本，克己复礼才能成为圣人，这也是中国文化核心的观点。

◎有很多人丧失了文化的主体性，以至于跟在西方文化后面走。我们对儒家文化要有正确的认识，真正把儒家文化作为中国传统文化的重要源头来加以保护。我们要有文化主体意识，对传统文化认同、尊重，只有我们对自己的传统文化有自信，别人才能尊重你。

◎中国人没有抽象的逻辑，但是有实践的逻辑，没有语句中的逻辑，但是有语境中的逻辑。

◎中国文化的一个重要特点是言不尽意，一句话里可能会包含无穷多的意义，可以从不同的角度解释。中国文化强调再创造，中国的传统是述而不作，后人尊重圣贤的创作，但其在"述"的过程中就有很多的"作"。正因为如此，思想才能发展。

◎"无为而治"是最高的管理哲学。现在很多人不敢放权，更不敢无为而治。无为恰恰是最高明的。无为而治是要掌握根本原则，让人充分发挥创造性。

◎世界文化的发展有两大趋势，一是东西方都在回归传统，二是向东方文化靠拢。从这两大趋势看，中国回归传统文化还是有希望的。

◎"天有其时，地有其财，人有其治"，人要参与到自然化育之中，但不能随意去改造自然。按照中国的传统说法，人为就是非天然的，人应该尊重自然，不要去做超自然力的神，而是要做受自然规律支配的人。但是，人也不是消极地受支配，而是要按照自然规律去推动世界的发展。

◎中国文化最伟大之处在于其包容性，同是单一的，和是多元并存的。我们要用包容的胸怀看待历史问题，破除古今文化的壁垒。

◎中国人创造了礼乐文化，每个人都要按礼规定的身份去践行社会责任，并享有自己的权利，古人用乐来使社会关系更加和谐融洽，礼乐教化是一种潜移默化的方式。

◎做本分事、持平常心、做自在人，行慈悲愿、启般若慧、证菩提道。

◎现在大家不是只要自己的传统文化而排斥其他文化，恰恰相反，我们对自己的文化缺乏最基本的了解、尊重，对传统文化不自信。

◎道是整个宇宙的自然本性，德是每个事物的自然本性，道德是从自然本性的角度来讲的，仁义是从行为规范的角度来讲的。

◎中国的宗教是人道的宗教，以人为本；西方的宗教是神道的宗教，以神为本。

◎如果我们用中国传统文化中的哲学、科学现象概括出适合自己的理论，那我们的人文一定是一流的。如果再跟西方作对比研究，超越西方的理论，那更是一流的，问题是我们第一步都还没做到，还欠缺很多。

◎中国的文化本来就是很包容的，包容中最重要的内容就是挺得住，我们有自己的文化主体意识，什么来都可以消化、吸纳，可以用来充实自己，这是中国文化的重要特点。不用排斥来维护自己，而是用吸收来壮大自己，中国文化应该有这种气魄，没有这种气魄我们就是不肖子孙，因为我们没有做任何努力。

◎在我看来，现在社会最亟需的是礼、义、廉、耻。

中华书局

初版责编　焦雅君